전통주
한식과
만나다

글 | 정혜정, 김홍우 기획 | 한식진흥원

푸디
Foodie

목차

본 책자는

첫째, 전문가회의를 통해 전통주를 지역별·주종별로 선정하였습니다.

둘째, 선정된 제품에 대한 역사와 유래, 제조 과정 등 이야기를 담아
　　　전통주에 대한 이해를 높였습니다.

셋째, 기존 전통주에 사용된 주관적인 맛 표현을 지양하고,
　　　전문가의 평가를 토대로 분석한 맛에 대해 기술·정리하였습니다.

넷째, 한식 셰프 및 전통주 전문가가 직접 시음해보고
　　　'어울리는 한식'을 선정하였습니다.

일러두기

당도 (Sweetness)	술이 가지고 있는 단맛의 정도를 의미
탄닌 (Tannin)	술이 가지고 있는 떫은맛의 정도를 의미
바디감 (Body)	술을 입에 머금었을 때 느껴지는 질감 · 농도 · 강도를 의미
산도 (Acid)	술이 가지고 있는 신맛의 정도를 의미
복합감 (Complexity)	당도, 산도, 탄닌, 알코올 도수와 향의 조화 및 균형감을 의미

역사의 맛과 향,
전통주와 한식을 이야기하다.

전통은 우리 민족이 면면이 이어온 삶의 숨결이고, 숨결마다 조상의 땀내가 배어있는 역사의 향기입니다. 그중에서도 전통주는 사시사철, 기쁠 때나 슬플 때나 다정한 친구처럼 우리 민족의 곁에서 위안이 되어 주었습니다. 또한 지역과 계절에 따라 맑은 물과 오곡을 재료로 하여 다양한 맛과 향기 등 특색을 뽐내고 있는 전통주는 여러 문헌상에 200여 종 이상이 기록될 만큼 우리 민족의 자랑스러운 유산입니다.

아울러 우리 민족의 역사와 함께 항상 그 자리를 함께 해온 한식 역시 민족문화의 정수(精髓)로, 재료 본연의 맛과 향은 물론 여러 재료가 어우러져 나타나는 조화로움은 우리 민족의 멋스러움을 나타내는데 부족함이 없습니다.

그러나 한 가지 아쉬운 것은 이러한 역사성과 다양성에도 불구하고 아직 전통주에 대한 대중들의 관심과 공감대가 부족하다는 점입니다. 한식의 경우 여러 노력 끝에 점차적으로 대중들의 사랑을 받고 해외에서도 인정을 받아가고 있지만, 전통주는 여러 노력에도 불구하고 아직까지 대중에게 널리 알려져 있지 못한 상황입니다.

이러한 아쉬움을 달램과 동시에 대중들에게 더욱 적극적으로 전통주와 한식이 가지는 가치를 알리고자 지역별·주종별 대표 전통주를 선정하고, 그에 어울리는 한식을 선정하였습니다.

책에 실린 25종의 전통주와 이에 어울리는 50종의 한식은 우리나라의 다양한 전통주와 한식을 대표하는 일부에 불과합니다. 《전통주, 한식과 만나다》 발간을 시작으로 전통주와 한식이 지니는 가치와 어울림을 비롯하여 다양성과 우수성을 보여드리고자 합니다.

(재)한식진흥원 이사장

프롤로그

이 책자는 대중들에게 지역별 대표 전통주와 어울리는 한식을 소개하고, 전통주와 한식의 어울림을 알려주고자 하였다.

지역별 대표 전통주의 선정과정은 오른쪽 그림과 같다. 먼저 대표 전통주를 선정하기 위해 2013년도부터 2015년도까지 진행되었던 전통주 관련 최대 품평회인 〈대한민국 우리술 품평회〉 입상제품을 대상으로 '맛·향·색·후미·종합 평가'에 대해 전문가의 심사를 통해 일차적으로 전통주를 선정하였다. 이후 지역별 전통주를 소개하기 위해 추가 회의를 거쳐 최종적으로 25종의 전통주가 선정되었다.

대표 전통주에 어울리는 한식 메뉴 선정은 먼저 농촌진흥청 농업과학기술원에서 출간된 『한국의 전통 향토음식』의 요리를 기준으로 하여 한식을 정리하였으며, 이를 바탕으로 한식 셰프 및 한식 전문가 등을 초청하여 전문가 FGI(Focus Group Interview)를 4회 진행하여 대표 전통주별 2종씩 총 50종의 한식을 선정하였다.

대표 전통주와 이에 어울리는 한식이 선정된 후, 전통주의 유래와 역사 또는 제조 과정 등의 이야기가 담긴 스토리텔링을 진행하였으며, 한식에 대한 이야기도 함께 책자에 담아두었다.

전통주 선정 기준 확립

▼

주종별 대표 전통주 선정
(전문가 심사)

▼

전통주 추가 선정

▼

대표 전통주 25종 최종 선정

▼

대표 전통주에 대한 어울리는 한식 선정
(전문가 FGI 진행)

▼

전통주·한식 스토리텔링 개발

▼

내용 수정·보완

▼

최종 콘텐츠 도출

우리 민족의 역사와 함께한
우리 술, 전통주의 세계

우리 민족의 역사는 술과 함께 해 왔다. 고대의 중요한 축제 때마다 빠지지 않고 등장하는 것은 음식과 술이었다. 술은 신과의 접신을 위해서도 필요했고, 인간과 인간의 어울림에도 빠지지 않는다. 인류 역사에서 술은 과일주에서 시작한 것으로 추정된다. 과일은 그냥 내버려 두어도 술로 바뀔 수 있기 때문이다. 과일에 상처가 나면 과즙이 나오고 이것이 껍질에 있는 천연효모와 작용하여 과즙 속 당분이 알코올과 이산화탄소로 분해되기 때문이다.

농경시대가 되면서 곡식으로 빚은 곡물 양조주가 생겨난다. 우리나라는 포도주와 같은 과일 주의 전통보다는 곡물주의 전통을 가졌다. 그런데 이 곡물은 과일처럼 가만히 두면 발효가 되지 않는다. 곡물주는 우선 그 안에 들어있는 전분을 당화(糖化)해야 한다. 그런 다음 알코올 발효과정을 거쳐야 술이 된다. 전분을 당화하기 위해 넣는 것이 바로 밀 같은 곡물로 만드는 누룩이다. 우리 조상들은 곡물로 지은 밥과 곡물을 제분하고 남은 기울을 이용해서 만든 누룩 으로 술을 만들어 마셨다. 즉 밥이 되는 곡물에 대한 지식이 풍부했으므로 가능했다.

고구려를 세운 동명성왕의 탄생설화는 술로 시작한다. 천제의 아들 해모수는 하백의 세 딸을 초대하여 술을 취하도록 마시게 하였더니 다른 딸들은 달아나고 큰 딸 유화만이 남아 해모수 와 인연을 맺어 고구려 시조 동명성왕이 태어났다고 한다. 이렇듯 우리 민족은 기원전부터 음주와 가무를 즐겼고 부여의 영고, 고구려의 동맹, 동예의 무천 같은 제천행사에서 집단적 으로 춤과 노래를 부르면서 주술적 의미를 나눴다.

삼국시대에는 술 빚는 기술이 아주 능숙해져 중국에는 우리나라의 술에 대한 기록이 많으며 백제의 수수보리는 일본에 누룩으로 술 빚는 방법을 전했다고 한다. 고려시대에 이르면 이전 부터 내려오던 곡물주의 양조법이 발달하고 증류법이 도입되어 우리의 대표적인 술이라고 할 수 있는 청주, 탁주, 소주의 기본적인 술이 성립되고 술 문화가 발달한다. 고려의 유학자인 이규보는 술을 마시지 않으면 시를 제대로 짓지 못하는 것으로 유명하고 술을 의인화한 국선 생전을 짓기도 하였다.

조선시대는 집집마다 술을 빚는 가양주문화가 있었으며 우리 술 문화의 전성기를 이루었다. 또한 남부지방에서는 탁주, 중부지방에서는 약주, 북부지방에서는 증류주가 발달하였다. 술을 약으로 생각하여 약재를 넣은 술도 개발되고, 한 번에 술을 빚는 단양법에서 여러 차례 발효 과정을 거치는 중양법이 확대되고, 조선 후기는 혼양주기법도 생겨나는 등 양조기법도 발달한다. 또한 꽃이나 과일, 열매 등 자연재료가 갖는 향기를 첨가한 술인 가향주도 발달한다.

조선시대의 「임원십육지」에는 꽃잎이나 향료들을 이용하여 빚은 약주를 향양주(香釀酒)라 하였으며 송화주, 두견주, 국화주, 호산춘, 송순주 등이 있다. 이렇듯 조선시대 술 양조법이 발달하고 술 종류가 많았던 것은 이 당시 양반가의 가장 중요한 일이 '봉제사 접빈객'이었기 때문이다. 이들은 접빈객을 당연히 갖추어야 할 예로 생각하였고 제사를 모시고 손님을 접대할 때에는 직접 음식과 술을 장만하여 정성을 다하였다. 따라서 술은 기본을 이루는 것으로 집집마다 술을 담갔던 전통이 존재했다. 각종 의례는 물론 제사상에는 술과 과일과 포를 기본으로 갖가지 음식을 올리고, 조상에게 절을 할 때마다 술을 따라 올렸다.

조선 시대 선비들은 시와 문장 짓는 것을 기본 교양으로 여겨서 생활 속에서 술을 자연스럽게 즐겼다. 선비들은 시회를 열어서 술잔을 기울이며 시를 짓기도 했고, 취흥을 바탕으로 영감을 얻어 술을 사랑하는 마음을 문학과 그림으로 표현했다. 우리는 예부터 술 마시는 풍류를 생활 속에서 자연스럽게 즐기며 취흥을 예술로 승화시켰다.

한말 이후 외세의 압력으로 쇠락하기 시작하는 우리 전통주 문화는 일제강점기에 이르면 그 맥이 끊어져버리고 우리의 술도 점차 사라지게 된다. 광복 이후에도 우리 술 문화를 복원하고자 하였지만 각 집안에서 구전으로만 비법을 전해오는 방식으로 이어져 왔기 때문에 쉽게 복원되지 못하였다. 1980년대에 이르러서야 전통주 발굴이 이루어지고, 전통주를 무형문화재로 지정하기에 이른다. 2016년 현재 전통주로서는 3종의 국가 무형문화재와 29종의 지방 무형문화재로서 술이 있다.

그러나 그동안 우리 술은 제대로 대접 받지 못하고 더구나 아름답던 우리의 술 문화는 자취를 감추었다. 또한 우리 국민 대부분은 우리 술의 가치와 중요성을 인정하지만 우리 술을 제대로 아는 사람들은 많지 않다. 특히 우리는 우리의 술에 대해 그리고 술과 함께 이루어지는 우리 음식문화에 대해 무지하고 제대로 즐기는 법을 알지 못한다. 현재 우리나라는 세계적인 술 소비국 중 하나이면서 외국 술인 사께나 위스키나 와인의 최대 수입국이다. 심지어 해박한 와인지식을 자랑하면서도 우리의 술 문화를 모르는 것에 대해 부끄러워하지 않는 실정이다.

최근 외국인들은 한국 음식에 대해 관심을 보이고 열광한다. K-Pop에 이은 K-Food의 열풍으로 한식에 대한 높은 관심은 당연히 한국 술에 대한 관심으로 이어지고 있다. 그동안 많은 분들이 전통주를 발굴하고 개발하는 데에 심혈을 기울여 이제 우리는 우수한 전통주를 많이 가지고 있다고 자부할 수 있다. 이는 전문가들의 끊임없는 노력과 열정으로 이루어졌다. 따라서 앞으로는 이를 통해 우리 전통주가 더욱 더 사랑받는 국민의 술로 거듭나기를 바래본다.

전통주, 한식과 만나다

경기

칠선주

예로부터 "즐겨 마시면 병들지 않고 늙지도 않는 신선이 된다"는 말이 전해 내려오는 칠선주(七仙酒)는 인삼과 구기자, 산수유, 사삼, 당귀, 갈근, 감초의 일곱 가지 약재로 빚은 전통약주로, 특히 '선(仙)'은 '이 술을 마시면 몸에 해가 되기보다 보양과 장수를 꾀할 수 있다'는 뜻을 담고 있다.

1777년 조선왕조 제22대 정조 원년에 빚어진 기록이 있는데 지금까지 200년 이상의 전통을 가지고 있는 궁중에 진상되던 술이다. 또한 「동의보감」과 「생황한방 민속약」, 「규합총서」, 「산림경제」, 「양주방」 등 고문헌에도 기록이 남아 있다. 뛰어난 맛과 효능 덕에 궁중 진상주 중에서도 명주로 손꼽는다.

1909년 일본인들이 고율의 주세를 부과하면서 생산이 중단되었고, 해방 후에도 정부가 쌀이 아닌 비곡주 개발정책을 우선시하는 바람에 명맥이 끊기는 듯했으나 1990년 정부가 각 시·도별로 전통 민속주를 지정하는 과정에서 인천의 술로 인정받으면서 부활의 맥을 잇게 되었다.

* * *

은은한 향과 부드러운 맛이 장점인 칠선주는 싱겁지도 독하지도 않아 거부감 없이 부드럽게 마실 수 있는데, 입안 전체를 감싸는 단맛은 텁텁하지 않고 목넘김이 깔끔하고, 그윽한 향기가 입안에 계속 머물며 오래도록 여운을 남긴다.

이렇듯 쓴맛이 적고 은은한 향을 가진 칠선주는 다채로운 해산물 요리와 잘 어울리는데, 특히 기름지지 않으면서 비린내가 적은 해산물 요리는 칠선주의 향을 더욱 돋보이게 해준다.

약주청주, 16%

당도	Dry	□□■□□	Sweet
탄닌	Low	□■□□□	High
바디감	Light	□■□□□	Lean
산도	Low	□■□□□	High
복합감	Low	□ ■ □	Complex

도미면

도미면은 신선한 도미의 살을 전유어로 부쳐서 삶은 고기와 채소를 어울려 담고 끓는 장국에 당면을 넣어 끓여 먹는 전골음식이다. 그래서 도미면이라 부르며 「조선요리제법」과 「조선무쌍신식요리제법」에서 도미국수로 소개되어 있다.

호화로운 궁중의 전골로, 기예가 출중한 일류 기생의 춤과 노래보다 낫다는 의미에서 '승기악탕(勝妓樂湯)'이라고 부르기도 했으며, 궁중 잔치를 위한 요리로 쓰여 28가지에 이르는 재료를 사용하였다는 이야기도 전해진다.

부드러운 맛과 은은한 향의 칠선주는 양념이 진하지 않은 맑은 탕류, 다채로운 해산물 요리와 어울림이 좋다. 7가지 약재가 들어가는 귀한 약용청주인 칠선주에 가장 호화로운 전골음식의 대표격인 도미면을 곁들이면, 더 이상의 호사는 없으리라고 생각된다.

문어를 살짝 데쳐서 썰어 초고추장이나 참기름 소금에 찍어 먹는 문어숙회는 식감이 훌륭한 별미다. 문어는 선비의 물고기라고 알려져 있다. 문어는 이름에도 '文'자가 들어가고 몸에도 먹물을 지니고 있어 식자의 먹거리라 할 만하다.

문어의 조리법과 약효를 「규합총서」에서는 "문어를 돈(豚)같이 썰어 볶으면 그 맛이 깨끗하고 담담하며, 그 알은 머리·배·보혈에 귀한 약이므로 토하고 설사하는 데 유익하다. 소고기 먹고 체한 데는 문어대가리를 고아 먹으면 낫는다."고 하였다.

쓰거나 독하지 않아서 거부감이 없으며 다채로운 향을 가진 칠선주는 생선류, 특히 비리지 않은 생선, 혹은 회와도 궁합이 좋다. 영양도 좋고 맛도 좋고 학자의 먹거리로 알려진 문어숙회를 조선 반가의 약용청주인 칠선주에 곁들여 먹는다면 저절로 시라도 읊어지지 않을까 생각해 본다.

문어숙회

산양산삼가든 별

산양산삼이 생겨난 것은, 고려 말기 심마니들이 산삼의 씨를 채취하여 깊은 산속에 뿌려 놓은 것에서 시작되었다고 전해지는데, 이를 야생상태에서 방치한 채 시간이 흐른 후 채집한 것이다.

산삼 종자는 뿌려도 싹이 잘 피지 않고 싹이 나 자란다고 해도 몇 년을 넘기지 못하고 썩는 경우가 많기 때문에 인적이 드문 깊은 산속 소나무와 박달나무와 같은 활엽수 낙엽이 많이 쌓인 부엽토층에 음지도 양지도 아닌 건조하지도 습하지도 않은 곳처럼 습도, 온도, 토양, 일조량 등 최적의 생육조건이 되어야 재배가 가능하다.

인삼주가 기록으로 처음 나타난 것은 중국 당나라의 의학서인 「천금방」이고, 통일신라시대에는 중국으로 인삼을 수출하였다는 기록이 있는 것으로 보아 우리나라에도 오래 전부터 인삼주를 담가 마신 것으로 추측된다. 구체적인 제법은 조선시대 후기의 문헌인 「임원경제지」 등에 기록된 제조방법은 인삼으로 가루 내어 누룩과 찹쌀을 함께 넣어 빚거나, 인삼가루를 주머니에 담아서 술에 침지하였다가 끓여 마신다고 하였다. 산양산삼가든 별은 이러한 방식을 활용한 전통약주이다.

* * *

산양산삼가든 별은 산양산삼을 곱게 갈아 빚어 만들어 삼의 향과 맛이 입안에 오랫동안 남는 깔끔함을 지니고 있다.

산삼에 대해 기록한 「동의보감」, 「본초강목」 등 국내외의 약학서를 살펴보면 산삼을 "몸에 탈이 날 위험이 적고 건강에 이롭다"고 기록되어 있는데, 닭은 토(土)에 속하지만 화(火)의 성질을 보해준다고 해서 삼과의 궁합이 좋다. 닭고기는 여타 육류에 비해 그 맛이 담백하고 단백질이 풍부해 다양한 조리법을 가지고 있지만, 산양산삼가든 별이 지닌 삼의 맛과 향은 닭요리 중에서도 국물요리인 삼계탕과 담백하게 먹을 수 있는 찜요리인 닭찜에 곁들여 먹었을 때 산삼의 풍미가 배가된다.

약주청주, 13%

당도	Dry	□ ■ □ □ □	Sweet
탄닌	Low	□ ■ □ □ □	High
바디감	Light	□ ■ □ □ □	Lean
산도	Low	□ ■ □ □ □	High
복합감	Low	□ ■ □	Complex

삼계탕

인삼(蔘)과 닭(鷄)을 재료로 하여 만든 삼계탕은 이름 그대로 연계(軟鷄)의 배 속에 인삼, 찹쌀, 대추 등을 넣고 푹 고아 만드는 탕이다. 삼계탕에 들어가는 인삼은 체내 효소를 활성화시켜 신진대사를 촉진하고 피로회복을 해주는 역할을 한다.

국내 첫 한글고조리서인 「음식디미방」에는 연계찜과 수증계의 조리법이 나와있고, 현재의 삼계탕과 가장 유사한 형태의 요리는 「조선요리제법」에 등장하는데 이때에는 인삼대신 인삼가루 한 숟가락을 넣었다. 이렇게 오랜 세월을 지나며 명칭과 조리법이 조금씩 변형되었지만, 우리 민족이 전통적으로 지켜온 약식동원(藥食同源), 즉 좋은 음식은 약과 같다는 사상이 가장 잘 나타나 있는 음식이다. 삼계탕은 인삼과 닭이 서로의 기운을 보해서 여름철에 차가운 음료나 과일들을 먹고 뱃속의 기운이 차가워지는 것을 방지해주는 효과가 있는 것이다.

전통주 중에서도 산삼을 넣어 담는 최고의 보양주인 산양산삼주와 역시 최고의 보양식인 삼계탕의 만남은 건강 면에서도 최고의 궁합을 자랑한다.

예부터 우리나라에서는 사위를 백년지객이라 하여 '사위가 오면 씨암탉을 잡는다.'는 말이 있을
정도로 닭을 귀한 음식으로 여겨왔다. 닭고기는 고단백 저칼로리 식품으로 다른 육류에 비해
필수 아미노산의 함량이 소고기보다 높으며, 불포화지방산이 많이 들어있어 혈중 콜레스테롤의
증가를 억제하는 효과가 있다. 또한 닭고기에는 비타민 A가 많이 들어있고 내장과 껍질에는 단백
질, 지방, 비타민 등이 풍부하게 함유되어있다.

식사나 연회, 제사 상차림에 많이 올라오는 닭찜은 닭과 감자, 당근 등을 먹기 좋게 토막 내어
양념장과 버무려 바특하게 삶아 끓여 낸 닭요리로 계증(鷄蒸)이라고도 하는데, '찜'이라는 명칭을
사용하고 있지만 조림에 더욱 근접한 음식이기도 하다.

닭찜요리의 반주로 산삼주를 곁들이는 것은 훌륭한 조합이다. 약이 되는 약용청주에 담백한
단백질 식품인 닭고기를 곁들이는 궁합은 우리나라에서만 맛볼 수 있는 특색 있는 보양식 술문화
일 것이다.

닭찜

문배술

문배술은 평안도 지방의 토속주로 알려지고 있는데 고려시대부터 임금에게 진상하는 술이었으며, 평양 대동강변에서 빚어졌다고 전해진다. 고려 태조 때에 신하들이 좋은 술을 진상하였는데, 문배술을 빚어 진상한 신하가 가장 높은 벼슬을 얻었다고 한다. 이후 문배술은 임금은 물론 고려시대 문인들이 즐겼으며, 1000년의 역사를 이어왔다.

'문배'는 우리나라에서 자생하는 토종 돌배로 일반 배와 비교했을 때 상큼한 맛과 함께 독특한 향기가 난다고 한다. 문배술은 순수 곡물만을 이용해 만들어지지만 술을 만든 후에 문배 향이 은은히 풍겨 문배술이라고 불리게 되었다.

문배술은 술을 빚고 바로 마시는 것이 아니라 증류한 후 봉인해 서늘한 곳에서 1년간의 숙성 기간을 거쳐 완성된다. 북한 평안도 지방의 술이지만 북한에서는 명맥이 끊긴 것으로 알려져 있으며, 서울의 문배술 기능 보유자 4대손인 이기춘 명인에 의해 재현되어 현재 국가중요무형문화재로 지정되었다.

* * *

문배술에서는 그 이름답게 문배의 은은한 향기가 난다. 높은 도수이지만 정갈하고 깨끗한 맛이 나며, 목넘김이 부드럽고 입속 가득한 향기로 감칠맛을 더할 수 있는 순곡주이다. 또한 순곡주 특유의 고소한 맛과 달콤함을 가지고 있지만 목으로 넘기고 나면 기분 좋은 풍미만 남는다.

도수가 높은 술은 대체로 진한 향과 맛을 가진 안주, 단백질이 풍부한 육류가 어울리는데, 문배술 역시 고도수이면서 정갈하고 깔끔한 감칠맛과 함께 묵직한 바디감을 지니고 있기 때문에 이 조합이 어울린다. 코를 톡 쏘는 홍어삼합과 기름 향을 풍기는 너비아니구이는 진한 향과 맛을 대표할 수 있는 우리 음식으로 문배술과 함께 먹을 때 술과 음식 모두 고유의 맛과 향이 도드라진다.

증류식 소주, 40%

당도	Dry	□ ■ □ □ □	Sweet
탄닌	Low	□ ■ □ □ □	High
바디감	Light	□ □ □ ■ □	Lean
산도	Low	□ □ □ ■ □	High
복합감	Low	□ ■ □	Complex

삼합

정갈하고 깔끔한 감칠맛과 묵직한 바디감을 가진 문배주에는 진한 향과 맛을 가진 안주가 어울린다. 맛의 고향인 전라도에서는 홍어없는 잔치는 생각하기 어렵다고 했다. 그래서 잔칫날이 다가오면 미리 홍어를 사다 퇴비나 장독대 항아리에 묻어놓고 삭혔다. 그러면 홍어 몸속의 요소(urea) 성분이 효소에 의해 분해되어 암모니아로 변하면서 코를 톡 쏘는 강렬한 맛이 생긴다. 여기에 돼지고기 수육, 묵은 김치를 곁들여서 함께 먹는 음식이 홍어삼합이다.

이렇게 강력한 발효향을 지닌 홍어를 순곡주인 문배주와 같이 마시면 홍어의 암모니아 냄새를 부드럽게 중화시켜 입안에 문배의 향기를 머금해 한다.

홍어삼합엔 탁주보다 문배주, 미식가라면 시도해 볼만한 조합이다.

"달 밝은 밤, 아홉 명의 선비가 둘러 앉아 술과 안주를 앞에 두고 시를 읊으며 야연(夜宴)을 즐긴다. 화롯불의 불씨가 남아있는지 알 수는 없지만 술이 한배 돈 듯 다들 편안하게 앉아 경치를 즐기는 듯 보인다." 단원 김홍도의 《송석원시사야연도》에 그려진 모습이다.

궁중과 서울의 양반집에서 쓰던 말로 고기를 넓게 저몄다는 뜻의 너비아니는, 소고기를 얇고 넓게 저며서 양념장을 무쳐 석쇠에 놓고 구운 음식이다. 도수는 높지만 문배의 향기가 은은한, 부드럽게 넘어가는 문배주는 기름향이 있는 단백질 음식과도 궁합이 좋다.

다시는 돌아오지 않을지도 모르는 낭만을 즐기는 김홍도의 풍속화처럼 문배주와 함께 너비아니 구이를 즐기는 호사를 누려도 좋을듯하다.

너비아니
구이

한주

한주는 재래식 소주의 일종으로 '땀을 내는 술'이란 뜻에서 이름 붙여진 술이다. 발효
시킨 술은 알코올 도수가 낮아 변질되는 까닭에, 술을 증류하여 소주를 내리면 알코올
도수가 높아져 장기 보관이 가능해지는데 그 도수의 정도에 따라 열량이 높아진다.
따라서 소주를 마시게 되면 힘이 솟고, 많이 마시게 되면 높은 열량으로 말미암아
땀이 나게 된다.

가양주 형태로 전승되어온 한주는 메좁쌀로 한번 빚은 단양주(單釀酒)인데, 서울
지방에서 빚어지고 있는 한주는 찹쌀로 빚고 송절과 당귀, 희첨, 속단 등을 넣어 발효
시킨 송절주를 증류한 약용소주이자 순곡소주(純穀燒酒)이다.

조선 중엽 충경공 이정란 집안의 술로 명맥이 유지되던 송절주는 1989년 서울시 무형
문화재 제2호로 지정되어 송절주 제조기능보유자 이성자씨에 의해 명맥을 이어가고
있으며 송절주를 기반으로 하여 한주 생산에 성공하였다.

* * *

색이 맑고 목 넘김이 부드러우며 뒤끝이 없는 한주는 술을 만들 때 누룩을 많이 사용
하기 때문에 소주에서 누룩 냄새가 나지만, 구수하면서도 잡곡주에서 느낄 수 있는
감칠맛이 뛰어나다.

한주가 주는 구수하면서도 시원한 느낌은 탕이나 찌개, 조림, 구이, 전 등 대부분의
요리와 잘 어울리는데, 매운 음식보다는 적당한 기름기를 가지고 있으면서도 단백질
이 풍부한 소고기를 이용한 맑은 국물요리나 찜이 잘 어울린다. 이는 소고기의 단백질
이 한주의 높은 도수를 희석시킴과 동시에 소고기가 주는 풍미가 한주의 구수한 맛과
누룩향에 잘 어울리기 때문이다.

증류식 소주, 35%

당도	Dry	□ ■ □ □ □	Sweet
탄닌	Low	□ ■ □ □ □	High
바디감	Light	□ □ ■ □ □	Lean
산도	Low	□ ■ □ □ □	High
복합감	Low	□　■　□	Complex

소고기
버섯전골

따뜻한 국물요리를 보면 소주가 생각나고, 소주 한잔을 하게 되면 국물생각이 간절하다.

소고기 버섯전골은 전골냄비에 양념한 소고기와 각종 버섯을 넣고, 무우, 파, 채소들을 둘러담은 다음 육수를 부어 끓이며 먹는 음식이다.

조선시대 궁중에서도 전골음식은 매우 중요하였는데, 들어가는 식재료가 고급스럽고 화려하기 그지없었다. 전복, 해삼, 각종 소고기의 내장인 천엽, 양 등이 들어가고 버섯으로도 석이버섯, 송이 버섯 등이 들어가는 최고의 음식이었다.

증류 소주인 한주에는 기본적으로 탕, 찌개, 구이, 조림, 전 등이 모두 잘 어울린다. 매운 양념류 보다는 맑은 탕류, 국물류가 좋으며 높은 도수를 희석시킬 수 있는 육류를 넣어 단백질 함량을 높이는 것이 좋다.

독한 소주의 안주로는 단백질이 풍부한 안주가 어울린다. 고기 요리를 먹을 때 도수 높은 소주가 생각나는 것은 애주가들의 공통된 입맛이다.

소갈비찜은 토막 친 소갈비로 만든 찜을 일컫는다. 특히 소의 갈비는 가리라고 하여 '가리찜'이라고도 불리웠다. 또한 '갈비새김'이라 하여 소의 갈비에서 발라낸 고기는 연하고 특별히 맛이 있어 소갈비찜은 맛있는 음식으로 칭송받아 왔다.

소고기를 먹기 힘들었던 조선시대에 갈비찜은 아주 귀한 음식이었고, 증류소주 또한 서민들은 접하기 힘든 술이었다. 현대에 와서는 소주도 갈비찜도 비교적 즐기기 쉬운 술과 안주가 되었지만, 과거 평생 한 번 먹기 어려웠던 술과 안주라는 것을 생각하면서 먹는다면 더 귀하게 느껴질 것이다.

소갈비찜

감홍로

감홍로(甘紅露)의 이름을 풀이하면 '맛이 달고 붉은 빛을 띠는 이슬 같은 술'이란 뜻으로, 이름 안에 맛과 색, 술이 만들어질 때의 모습이 모두 담겨져 있다. 감홍로는 평안도 지역에서 생산된 명주로 은은한 붉은 빛과 깊은 맛에 평양의 주당과 기생들이 이 술을 최고의 술로 쳤다는 얘기가 전해진다.

감홍로에는 용안육, 계피, 진피, 정향, 생강, 감초, 지초 등의 한약재가 들어가 조선 시대 고관대작의 집에선 약을 대신해 마실 정도로 약주로도 활용된 술인데, 특히 감홍로에 들어간 계피는 「동의보감」에서 "속을 따뜻하게 하고 혈맥을 통하게 하며 혈액순환을 촉진하고 위와 장을 튼튼하게 한다."고 기록되어 있는데, 이러한 계피의 효능이 감홍로를 약주로 활용할 수 있게 만든 것이라 여겨진다.

조선후기 실학자인 유득공의 저서 「경도잡지」에서는 감홍로를 조선의 명주로 꼽고 있으며, 서유구의 「임원경제지」와 홍석모의 「동국세시기」에도 언급되고 있다. 19세기 유학자 이규경은 「오주연문장전산고」에서 "중국에 오향로주가 있다면 우리나라에는 평양의 감홍로가 있다"고 이 술을 소개했고, 육당 최남선은 「조선상식문답」에서 조선의 3대 명주를 언급하면서 그중 감홍로를 첫 번째 자리에 둘 정도로 그 가치를 높게 평가했다.

* * *

서로 어울리지 않을 것 같은 꽃향기와 계피향이 자연스럽게 어우러진다. 처음 한 모금 머금을 때 혀끝에 살짝 감도는 단맛과 함께 계피의 향과 맛이 입 안에 퍼진다. 높은 도수와 강렬한 향에도 부드럽게 넘어가고, 목넘김 이후에도 달콤한 향이 입 안에 계속 머물며 여운을 남긴다.

감홍로의 계피향과 맛을 즐기기 위해서는 탕이나 전골 같은 국물보다는 감칠맛이 있는 짭조름한 찬류가 감홍로의 맛과 향을 잘 살려준다.

일반 증류주, 40%

당도	Dry	□ ■ □ □ □	Sweet
탄닌	Low	□ □ ■ □ □	High
바디감	Light	□ ■ □ □ □	Lean
산도	Low	□ ■ □ □ □	High
복합감	Low	□ ■ □	Complex

황태포구이

명태를 얼린 것을 동태, 말린 것을 북어, 얼려서 말린 것을 황태 또는 더덕북어라 한다. 더덕 말린 것처럼 부슬부슬하기 때문이다.

영하 10℃ 이하의 산간 지역에서 한겨울에 얼었다 녹았다를 반복하면 명태 살이 부풀었다가 줄어 들기를 반복하게 되는데, 이러한 과정을 거치고 나면 명태는 누런색을 띠는 황태가 된다.

겉모습이 통통하고 노란색이 나며 속살은 희고 포슬포슬해서 구수한 맛을 내는 황태를 구울때에 는 물에 불린 다음 채반에서 물기를 뺀다. 유장을 만들어 황태에 고루 바르고 한번 구운 뒤 고추 장, 간장, 설탕, 다진파, 다진마늘, 깨소금, 참기름, 후춧가루를 섞어서 양념장을 만든 뒤 구워 둔 황태에 양념장을 덧발라 가면서 다시 앞뒤로 굽는다.

추운 겨울 제 맛을 내는 황태포구이는 감홍로의 강한 맛을 부각 시켜주는 안주로 잘 어울린다.

어란

숭어 어란은 숭어의 산란기에만 얻을 수 있는 귀한 재료로, 4~5월경 산란을 앞둔 숭어를 잡아 알을 채취하여 만든다. 소금물에 담가 불순물을 뺀 뒤 간장에 하루 동안 담가 어란 특유의 색과 맛을 만들고, 어란에 간이 배면 물기를 빼고 어느 정도 건조시켜 둥글납작한 모양으로 만들어 통풍이 잘 되는 응달로 옮겨 수시로 뒤집으면서 참기름을 발라준다. 이런 과정을 반복하면 기름기가 배어 나오면서 어란에 다갈색의 윤기가 흐르고, 20일 정도 지나면 알이 단단해진다.

종잇장처럼 얇게 썬 어란을 한 점 집어 혀끝으로 살짝 밀어 잎 천정이나 송곳니 뒤쪽에 붙여놓고 약주를 한 모금 머금은 뒤 혀놀림으로 향미를 즐기는 것이 제격이라고 한다. 혀끝이 스칠 때마다 감미롭게 녹아내리는 간간한 알들이 자근자근 씹히면서 입안에 풍기는 비릿한 향취가 누룩냄새와 어우러지고, 술잔이 계속될수록 은은한 맛이 더 깊어지는 신비로움을 만끽 할 수 있다.

조선시대 귀한 술인 감홍로는 최고의 안주인 어란과 그 궁합이 최고일 것이다.

미쓰리 유자

청정지역인 가평의 지하 250m 암반수와 막걸리 전용으로 계약재배한 경기미를
이용해 제조한 미쓰리 유자는 스포츠 애호가 및 술을 잘 못하는 사람들을 위해 일반
막걸리의 도수(6%)에서 절반으로 낮춘 알코올 도수 3%의 저도수 막걸리로, 스포츠나
레저 활동 후에 가볍게 마실 수 있는 음료 타입의 주류이다. 탈취 기능이 있는 디에어
레이션(deaeration) 공법을 사용해 용기에 남아 있는 잡냄새를 제거하였고, 특히
탄산과 유자과즙을 첨가하여 탄산 특유의 톡 쏘는 청량감과 유자의 달콤함이 조화를
이룬다.

* * *

유자과즙이 주는 상큼함과 탄산이 주는 청량감은 다른 막걸리와 차별화되고 있으며,
달콤함과 새콤함이 잘 어우러져 있다. 또한 맛이 강하거나 자극적이지 않고 막걸리가
지니는 은은한 향은 소박하면서도 자극이 적은 음식들과 잘 어울린다.

미쓰리 유자는 알코올 도수와 탄닌이 약하고 단맛이 높은 편이므로 짭조름한 생선
구이와 맛의 조화가 좋으며, 달작지근하면서도 시원한 맛을 내는 조개탕은 미쓰리
유자를 먹고 난 이후의 텁텁함을 깨끗하게 마무리할 수 있는 국물 음식이다.

살균막걸리, 3%

당도	Dry	□□□■□ Sweet
탄닌	Low	□■□□□ High
바디감	Light	■□□□□ Lean
산도	Low	□□■□ High
복합감	Low	■　□　□ Complex

조기구이

명절 차례상이나 잔칫상, 그리고 일상의 상차림에서도 가장 대접받는 생선인 조기는 예로부터
생선의 으뜸이었다. 바다에서 퍼덕이는 조기를 건져 올리면 그 비늘이 햇빛을 받아 번쩍이며
오색찬란하다. 비늘의 빛깔과 무늬가 갑옷으로 생각되어 관직의 금의도포를 상징한다고 하고,
오래도록 상하지 않는다는 뜻의 귀한 생선이었다.

맛이 좋기로 유명하며 남녀노소가 좋아하는 조기구이는 담백한 맛을 기본으로 단맛과 고소한
맛이 간간하게 잘 맞추어져 유자 향이 나는 막걸리 한잔에 곁들여 먹으면 그 맛이 환상적이다.

달콤한 유자의 향이 감도는 미쓰리 유자는 소금으로 간 한 짭조롬한 찬류, 구이류와 잘 어울리며,
막걸리 특유의 텁텁한 맛을 명쾌하게 끊어주는 맛의 조화를 기대할 수 있다.

조개탕

우리의 술 문화는 뜨끈한 국물에 술 한잔을 곁들이는 것이 오랜 전통으로 이어져 왔다. 특히 개운하고 담백한 국물요리는 함께 마시는 술의 맛을 돋우는 역할을 한다. 와각탕(蝸角湯)·와가탕·와게탕이라고도 불리우는 조개탕은 고려시대의 가요인 「청산별곡」에도 기록되어 있어 서민들이 많이 먹었던 것으로 추측되며 「규곤시의방」, 「시의전서」 등 많은 문헌에 기록되어 있다.

조개탕은 시원한 맛과 타우린 등의 알코올 분해 성분이 많이 들어있기 때문에 숙취해소 효과로도 추천되는 안주이며 미쓰리 유자의 은은한 유자 향기를 해치지 않는 최고의 안주로 추천할 만하다.

미쓰리 유자는 복합미가 비교적 낮은 구조를 지니고 있어 조개의 달작지근하면서 시원한 맛과 함께 한다면 막걸리를 먹고 난 이후의 텁텁함을 깨끗이 마무리 할 수 있다.

허니비와인

벌꿀은 자연에서 발견할 수 있는 유일한 농축된 당분으로, 포도당과 과당이 주성분을 이루고 있다. 포도당과 과당이 혼합된 벌꿀에 적당한 농도로 물을 첨가해 희석하면 자연적으로 발효가 진행된다. 외국에서는 고대부터 이러한 벌꿀로 발효주를 제조하여 즐겼던 것으로 추정된다. 특히 벌꿀발효주는 신화 속의 술로 전해지고 있는데, 북유럽 게르만족의 북구신화에서 이러한 벌꿀발효주에 대한 이야기가 전해져 내려온다.

「세종실록지리지」와 「동국여지승람」에서는 우리나라 어느 곳이든 벌꿀을 생산하지 않은 곳이 없었다고 기록되어 있다. 또한 벌꿀발효주에 대한 내용은 조선시대 「동의보감」, 「고사십이집」, 「임원십육지」, 「오주행문장전산고」 등에도 기록되어 있는데 보양주로의 역할을 하였다고 한다.

이러한 전통 벌꿀발효주를 재해석하여 제조한 술인 허니비와인은 100% 순수 꽃꿀로 빚어낸 국내 최초의 벌꿀주이다.

* * *

여러 번의 담금과 6개월의 숙성으로 인해 부드러운 목넘김을 느끼게 해주며, 꿀 특유의 달콤함은 어떤 스위트와인보다도 품격 있는 맛을 느끼게 한다. 또한 벌꿀의 부드럽고 달콤한 향은 술을 마시는데 있어 입과 코를 모두 즐겁게 해준다.

일반적으로 스위트와인은 식후 디저트와인으로 많이 마시는데, 허니비와인 역시 꿀이 함유되어 있어 디저트와인으로 손색이 없다. 곁들일 수 있는 음식은 가볍게 먹을 수 있는 디저트가 좋은데 주재료가 꿀인 개성약과와 다식은 허니비와인과 곁들여 먹기에 그 어울림이 좋다.

기타 주류, 8%

당도	Dry	□□□■□ □	Sweet
탄닌	Low	□■□□□	High
바디감	Light	□■□□□	Lean
산도	Low	□■□□□	High
복합감	Low	□ ■ □	Complex

개성약과

유밀과(油密果)의 한 종류인 약과는 '약(藥)이 되는 과자'라는 뜻으로 「아언각비(雅言覺非)」에서는 "우리나라 사람은 꿀을 약(藥)이라 하여 좋은 것은 모두 약자로 고쳐 부른다. 밀주(蜜酒)는 약주(藥酒)로 밀반(蜜飯)은 약반(藥飯), 밀과(蜜菓)는 약과(藥菓)로 부른다."고 하였다.

고려시대 수도였던 개성은 서울, 전주와 더불어 음식이 가장 호화롭고 다양한 지역이었다. 궁중 요리에 비길 만큼 음식이 사치스럽고 공이 많이 들어가며, 재료도 다양했다고 전한다. 약과는 밀 가루에 참기름, 꿀과 생강즙, 술을 넣어 반죽하고 튀겨낸 후 집청(執淸)한 고급 과자로 궁중약과와 개성약과로 크게 구분되는데, 개성약과는 한입 크기의 사각 형태로 만든 약과이다. 궁중약과가 딱딱하고 진득한 맛이라면 개성약과는 파삭한 맛을 내는 것이 특징이다.

꿀을 발효시켜서 만드는 허니비와인은 특유의 달콤함을 갖춘 술로, 순수 벌꿀로 만드니 약이 될 수 있는 술이다. 꿀을 넣어 만드는 유밀과인 약과와 어울림이 좋다.

다식

다식(茶食)은 쌀, 밤, 콩 등의 곡물을 가루 내어 꿀 또는 조청에 반죽하여 다식판에 박아서 글자, 기하문양, 꽃문양 등이 양각으로 나타나게 만든 한과류이다. 의례상에 놓는 필수 한과류의 하나로 쌀다식, 송화다식, 밤다식, 검은깨다식, 잡과다식 등이 있다.

당시 쓰이던 말과 글 가운데 틀린것을 바르게 고친것으로 우리나라 속어(俗語)를 어원적으로 고증한 정약용의 「아언각비(雅言覺非)」에서는 "다식을 세상에서는 인단(印團)이라고 하였는데, 밤, 참깨, 송화가루를 꿀과 반죽하여 다식판에 넣어 꽃잎, 물고기, 나비 모양으로 박아낸 것이다." 라고 하였다. 다식은 표면에 壽(수)·福(복)·康(강)·寧(영) 또는 卍자문양·꽃문양 등이 음각된 다식 판에 박아 만든다.

다식의 중요한 주재료는 꿀이다. 꿀을 발효시켜서 만드는 허니비와인에는 역시 꿀로 만든 한과인 다식이 잘 어울린다.

전통주, 한식과 만나다

충청

면천두견주 · 불고기 / 해물맑은탕

능이주 · 화양적 / 두부전골

샤토미소 로제스위트 · 탕평채 / 채소 샐러드

두레앙 · 돼지갈비찜 / 흰살생선완자탕

면천두견주

삼월삼짇날의 절기주인 두견주는 진달래가 들어가는 절식 가운데 으뜸으로, 우리나라 전국 산야 어디에서나 피는 까닭에 신분의 구별 없이 가장 널리 빚어 마셨던 가장 대표적인 봄철 술이다. 두견주에 관한 내용은 「증보산림경제」, 「동의보감」 등에 수록되어 있는데, 두견주가 처음 주조된 연대는 명확하지 않으나 고려시대 태조 때부터 제조된 것으로 전해진다. 두견주는 고려의 개국공신인 복지겸 장군과 관련된 설화도 전해지고 있는데, 복지겸이 병에 걸려 앓게 되었을 때 복지겸의 딸인 영랑이 100일 기도를 드리며 치성을 드리자 기도 마지막 날 꿈에서 "부친이 나으려면 아미산에 만개한 두견화의 꽃잎과 안샘의 물로 술을 빚어 마셔야 한다."는 계시를 받았고, 영랑이 즉시 실천에 옮기자 복지겸의 병이 나았다는 것이다.

두견주는 끈적거릴 정도로 단맛이 강하고 진달래꽃의 꽃빛깔이 그대로 술에 녹아들어 진한 담황색을 자랑하며, 독특한 향취를 간직하고 있어 가향주의 특징을 잘 나타내고 있다고 할 수 있다. 중요무형문화재로 지정되어 있기도 한 면천두견주는 현재 특정한 보유자 없이 '면천두견주 보존회'를 기능보유단체로 인정해 술을 빚고 있다.

* * *

누룩냄새와 신맛이 거의 없이 꽃향기가 은은하게 느껴지며 첫 맛이 묵직하게 다가오는 면천두견주는 원숙한 바디에 약간의 산미가 포인트이다. 향이 입 안에 퍼지며 넘어갈 때에는 숙성된 약주 특유의 달콤한 맛이 은은하게 느껴진다. 목으로 넘기면 끝 맛에서 쌉쌀하며 연한 흙내음이 느껴진다.

달콤한 진달래꽃 향을 품고 있는 면천두견주는 약주 특유의 은은한 맛 때문에 어떤 안주와도 잘 어울린다. 특히 달큰한 간장 양념의 고기요리나 소금간의 해물탕과 조화가 좋아, 면천두견주가 가진 농밀한 맛을 더욱 부각시켜 준다.

약주청주, 18%

당도	Dry	□□□■□	Sweet
탄닌	Low	■□□□□	High
바디감	Light	□□□□■	Lean
산도	Low	■□□□□	High
복합감	Low	□ ■ □	Complex

불고기

술에 가장 잘 어울리는 안주거리는 역시 고기구이이다. 불고기는 자극적이지 않은 맛 때문에 외국인도 좋아하는 음식이며 필수 아미노산이 풍부한 단백질 공급원이었다.

'불고기'라는 말은 최근 단어로 1950년대까지만 해도 문헌에는 '너비아니'로 나온다. 1939년의 「조선요리제법」에 나오는 '우육구이' 만드는 법을 보면, "고기를 저며서 그릇에 담고 진간장과 파 이긴 것, 깨소금, 후추, 설탕을 넣고 잘 섞어서 굽는다."고 하였다.

단맛이 강하고 진한 진달래꽃의 향취를 그대로 담고 있는 면천두견주는, 매운맛과 강한 양념보다는 달큰한 간장 양념이나 부드러운 된장양념의 고기구이와 좋은 조화를 이루며 특히 세계적인 음식이 된 불고기와 잘 어울린다.

'해물탕'은 원래 애주가들의 주된 단골 메뉴 중 하나이다.

해물탕은 육수에 해물과 갖은 채소를 넣어 맑게 끓인 탕 요리이다. 고춧가루나 고추장을 넣지 않고 해물 자체의 염도에 약간의 소금만을 넣어 우려낸 시원하면서도 담백한 국물 맛은 애주가들의 탄성을 자아내게 한다. 해물탕은 바다에서 나는 온갖 수산물의 집합체로 해물탕에 들어가는 여러 해산물에는 각종 필수아미노산이 풍부하고 지방이 적게 함유되어 있어 맛도 담백하고 숙취 해소에 좋다.

색이 아름답고 진달래 꽃 향이 은은한 술, 두견주에 맑은 해물탕을 곁들여서 먹으며 아마도 그 맑고 청아한 맛에 몸도 정신도 맑아지는 느낌이 들 것이다.

해물맑은탕

능이주

우리나라와 일본, 백두산 인근의 중국 북부에서 자생하는 능이버섯은 깊은 산중 공기가 좋은 곳에서 3년에 한 번 정도만 채취가 가능한 귀한 버섯으로 옛 선조들이 일품 능이, 이품 송이, 삼품 표고라고 칭할 정도로 그 맛과 향이 매우 뛰어나다.

능이버섯을 처음 채취할 때에는 향이 없지만, 말리면 점점 향이 강해지는 특성이 있는데, 특히 풀향기·꽃향기·흙내음의 독특한 향이 있어 향버섯이라고도 불린다.

능이버섯과 능이버섯 추출물은 기관지·천식·감기·암 등에 효과가 있으며 특히 위암에 강한 효능을 나타내는 것으로 알려져 있는데, 이런 능이버섯을 활용해 만든 능이주는 능이버섯에 쌀을 혼합해 만든 쌀약주에 채취한 능이버섯 농축액이 더해져 만들어진다.

* * *

오감을 사로잡는 강한 능이향의 달콤함이 코끝을 매료시킨다. 술의 첫 맛은 약간 시고 떫은 듯 하지만 목넘김이 부드러우면서 가벼워 묘하고 독특하다.

은은한 산미와 능이주 특유의 향은 여러 복합적인 재료를 활용하여 기름에 지진 전류나 담백하면서도 자극적이지 않은 전골류의 음식이 잘 어울린다. 화양적은 도라지, 고기 등 다양한 재료를 꿰어 기름에 지진 음식으로 능이주의 은은한 산미를 느끼기에 적절하며, 전골요리 중 두부로 맛을 살린 따뜻한 두부전골은 능이버섯의 향을 부각시켜줄 수 있는 요리이다.

약주청주, 13%

당도	Dry	□	□	□	■	□	Sweet	
탄닌	Low	■	□	□	□	□	High	
바디감	Light	□	■	□	□	□	Lean	
산도	Low	□	■	□	□	□	High	
복합감	Low	□		■		□	Complex	

화양적

화양적(華陽炙)은 각색의 재료를 양념하여 익힌 다음 색을 맞추어 꿴 음식이다. 도라지를 주재료로 고기, 파 등을 꼬치에 꿰어 밀가루, 달걀을 씌워 넓적하게 기름에 지진 것을 누르미 또는 간납(肝納)이라 하며 잔치음식이나 제물로도 이용되었다.

한국에는 다섯 가지 색채를 조합한 음식이 많다. 이는 음양오행에 바탕을 둔 것으로 동양문화권에서 우주인식과 사상체계의 중심이 되어온 원리가 적용된 것이다.

약간의 산미와 캬라멜향이 입안에 감기는 능이주는 매운맛이나 강한 양념보다는 담백한 맛, 여러 가지 복합적인 재료, 기름에 지진 전류와 어울림이 좋다.

조선시대 오색과 맛의 조화를 추구한 최고의 음식인 화양적은, 버섯 중에서 일품버섯으로 치는 능이를 넣어 그 향과 맛이 역시 일품인 능이주에 가장 잘 어울린다고 할 수 있다.

두부전골

두부는 식물성 단백질이 풍부한 대표적 식품중 하나로 어느 음식에나 잘 어울린다. 두부는 단백질 이외에도 칼슘이 풍부하여 치아와 뼈의 건강 유지에 중요 역할을 하고 철분, 인, 칼륨, 비타민 B군과 콜린, 비타민 E 등이 많이 함유되어 있다.

궁중의 두부전골 조리법은 두부를 약한 불 위에서 노르스름하게 부친 다음 두부 두 쪽 사이에 양념한 소고기를 얄팍하게 놓고 실파 한 줄기로 중간 부분을 맨다. 전골냄비에 남은 소고기를 맨 밑에 깔고 두부를 중심으로 하여 썰어 놓은 채소들을 가지런히 담고 육수를 재료에 부어 각종 고명으로 장식했다.

능이주는 능이버섯의 향이 살아있는 청주이므로 능이버섯의 향을 해치지 않는 안주와 어울림이 좋다. 부드러운 두부와 어울리는 여러 가지 재료의 담백한 두부전골은 능이주의 맛과 향을 돋보이게 하는데 부족함이 없다.

샤토미소 로제스위트

우리 땅에서 재배한 포도로 우리 입맛에 맞게 만든 한국형 프리미엄 와인인 샤토미소 로제스위트는 우리나라의 토양과 기후에 적합한 품종을 집중 육성해 '신의 물방울'이라고도 불리는 포도주를 생산하였다. 한국의 보르도라고 불리는 영동지역에서 재배한 캠벨, 산머루, MBA 3가지 포도 품종을 블렌딩하여 만들어진 샤토미소 로제스위트는 당도가 낮은 포도를 특수기법으로 건조하여 22Brix의 고당도 원료로 만들고 껍질과 씨, 과육을 함께 발효하여 제조한다.

샤토미소 로제스위트의 가장 큰 특징은 대나무통에 넣어 3년간 숙성시키는 것인데, 대나무 막의 미세한 구멍으로 와인이 스며들게 되어 대나무향이 와인 특유의 신맛과 떫은맛과의 조화를 이끌어내 떨떠름한 향이 없어지고 부드러운 맛을 강화시켜줌으로써 새로운 맛을 창조해낸다.

* * *

은은한 향과 아름다운 빛깔이 코와 눈을 매료시킨다. 산딸기향, 체리향에 장미향이 살짝 섞여들어 은은한 향을 내고, 새콤달콤한 맛과 상큼함이 조화되어 세련된 맛을 보인다.

샤토미소 로제스위트는 술 자체를 즐기는 와인이기 때문에 무거운 음식보다는 가볍고 재료 본연의 맛을 살린 깔끔한 안주거리가 잘 어울린다. 여러 가지 재료의 조화가 잘 이루어지면서 깨끗한 맛을 지닌 탕평채와 아삭한 식감의 가벼운 채소샐러드는 샤토미소 로제스위트의 맛을 음미하면서도 입도 즐거운 안주이다.

과실주, 12%

당도	Dry	☐☐☐■☐ Sweet
탄닌	Low	☐■☐☐☐ High
바디감	Light	☐■☐☐☐ Lean
산도	Low	☐☐■☐☐ High
복합감	Low	☐　■　☐ Complex

탕평채

우리 옷의 옷고름처럼 조화와 화합을 중시하는 특징은 우리 음식에도 적용된다. 제각기 다른 색채와 모양 그리고 맛들이 균형과 조화를 이루는 것이 우리 음식의 전통이다.

탕평채는 조선 영조(英祖) 때 당파 싸움을 없애기 위한 정책인 탕평책을 논하였던 날 처음 선을 보여서 얻어진 이름이다. 어느 쪽에도 치우침 없이 고르다는 뜻을 지닌 '탕탕평평(蕩蕩平平)'이란 말에서 유래한 탕평채(蕩平菜)는 청포묵, 볶은고기, 미나리 등이 들어간 묵 무침이다. 탕평채는 봄기운이 왕성한 날에 화전과 함께 봄놀이를 즐기며 먹던 음식으로 청포묵의 야들야들한 식감과 고소한 맛으로 잃어버린 입맛을 돋운다. 탕평채는 청포묵의 부드러움과 재료가 어우러지는 맛이 좋다. 그러면서도 아주 깨끗한 맛이 특징이다.

단맛이 강하지 않고 신맛과의 조화가 있어서, 간이 연하고 고소한 맛이 있는 음식과 어울리는 샤토미소 로제스위트는 가벼운 양념의 나물류, 오이선같은 양념을 최소화하여 재료 본연의 맛을 살린 음식과 어울린다.

색이 예쁘고 쓴맛이 적으며 가벼운 느낌의 샤토미소 로제스위트는 아름다운 색상과 새콤달콤한 맛 때문에 여성들이 선호하는 와인이다.

술 자체로도 맛있는 샤토미소 로제스위트에는 육류나 국물류의 음식보다는 가볍고 깔끔한 맛을 가진 채소가 주재료인 음식이 잘 어울린다.

생채소를 기본재료로 하여 과일, 육류, 해산물 등 다양한 재료를 더하고 그에 맞는 드레싱을 더한 샐러드는 풍부한 재료와 그 변화만큼 다채로운 음식이라고 할 수 있다. 그 자체로 한 끼 음식으로도 손색이 없을 뿐만 아니라, 손님 초대요리에 곁들이면 식탁을 더욱 화려하게 만들어주고 한식 상차림에서는 반찬 역할은 물론 가벼운 안주도 된다.

여성들이 좋아하는 아름다운 장밋빛의 샤토미소 로제스위트에 아름답고 건강에 좋은 채소 샐러드를 곁들여 아름다운 색과 맛을 자랑하는 술과 안주의 조합이라고 볼 수 있다.

채소 샐러드

두레앙

두레양조는 국내 유일의 브랜디 원료를 생산하는 가공양조장이다. 거봉포도를 재배하는 농가와 연계하여 만든 곳이라는 의미와 우리 민족의 공동체를 상징하는 '두레'와 '함께 한다'는 뜻을 포함하여 두레앙이라 상표를 만들게 되었다. 이 거봉포도 특유의 맛과 향을 담아낸 천안의 증류주 두레앙이 대한민국 최고의 명주 반열에 올랐다.

거봉 포도를 주원료로 해 와인, 증류, 숙성, 여과, 병입, 출하 등의 절차를 거쳐 생산된 것이 두레앙 백주다. 두레앙 백주는 증류 과정에서 두통을 유발하는 초류와 후류를 제거해 깔끔한 맛을 자랑한다.

*   *   *

두레앙은 고도주임에도 불구하고 감압증류를 통해 포도의 향미와 은근한 산미가 살아 있고, 톡쏘는 자극취가 없어 맛이 매우 깔끔하다.

두레앙의 포도 향과 산미는 육류나 어류의 짠맛, 부드러운 맛과 어울리며 특히 포도의 은은한 향은 담백한 요리와 잘 어울린다. 돼지갈비찜은 두레앙이 가지고 있는 은은한 향은 살리고 알코올 향은 중화시켜준다. 또한 두레앙은 도수가 높지만 자극취가 없고 깔끔한 맛을 가지고 있기 때문에 담백하고 따뜻한 국물음식으로 흰살생선 완자탕을 추천한다.

일반증류주, 35%

당도	Dry	□ ■ □ □ □	Sweet
탄닌	Low	□ ■ □ □ □	High
바디감	Light	□ ■ □ □ □	Lean
산도	Low	■ □ □ □ □	High
복합감	Low	■ □ □	Complex

돼지갈비찜

원래 갈비찜은 아주 오래 전 조선시대 임금님의 수라상에 올렸던 귀한 음식이지만, 1907년 이후 궁중의 음식들이 일부 음식점에서 소개된 이후 많은 사람들의 식탁에 올라가기 시작했다.

소갈비가 귀하던 시절, 서민들은 돼지갈비를 이용해서 찜을 해먹었다. 가격이 저렴하고 육질 역시 훨씬 부드러워 달큰한 간장 양념장의 부드러운 돼지갈비는 명절이나 손님 초대상에 큰 부담 없이 오르던 인기 메뉴였다.

두레앙은 고도주임에도 포도의 향미와 약간의 산미가 있어 달큰한 간장맛의 고기요리가 잘 어울린다. 포도의 은은한 향이 간장 조림이나 찜과 어울리고 알콜향을 중화시켜 줄 수 있어 돼지갈비찜과의 어울림이 좋다.

생선완자탕은 생선살이나 새우살에 달걀흰자와 녹말을 넣고 공기를 많이 넣어 가볍게 하여 익혀 내는 맑은 국이다. 흰살생선은 육질이 백색을 띠고 있는 도미, 농어, 넙치 등이 있고, 붉은살생선에 비해 지방질의 함량이 낮아 담백한 맛을 보인다.

「산림경제」와 「규합총서」에 보면 완자탕에 대한 조리법이 소개되어 있는데, 완자탕은 "큰 생선을 껍질과 뼈 없이 하고 살을 곱게 두드려 놓고 돼지고기나 혹은 소고기, 생 회, 닭 중에서 또 곱게 두드려 후추, 생각, 파, 표고를 기름장에 합하여 주물러 밤톨 만하게 환을 만들되, 가운데에 온 잣 하나씩 넣어 계란이나 녹말을 씌워 장국에 간을 맞추어 끓인다"고 한다.

궁중에서는 봉오리탕이라고 부르는데, 이는 완자의 모양이 꽃봉오리와 같다고 하여 붙여진 이름이며 궁중의 연회상에도 자주 차려졌던 음식이다. 도수가 높고 깔끔한 맛의 두레앙은 흰살생선 완자탕의 담백한 국물과 어울려 목넘김을 부드럽게 하고 포도의 은은한 향취를 남긴다.

흰살생선 완자탕

전통주, 한식과 만나다

전라

자희향 국화주 • 화전 / 오이선

황진이주 • 육전 / 매실장아찌

복분자음 • 장어구이 / 생선찜

자연담은 복분자막걸리 • 김부각 / 가자미식해

자희향 국화주

우리나라의 가장 대표적인 절기주는 아마 국화주일 것이다. 평소에 빚어 마시는 가양주에 감국을 드리워 그 향기와 가을의 계절감을 즐기는 절기주 문화는 우리나라 사람들의 독특한 풍류이다. 우리나라에서는 고려시대부터 국화를 이용한 술이 양조되기 시작하였을 것으로 추정되며, 음력 9월 9일에 마시는 세시주로 내려오고 있다. 「증보산림경제」에는 국화주를 "늙지 않고 오래 살게 하는 술"이라 하여 국화주가 장수의 상징으로 쓰였다는 것을 알 수 있다. 국화주에 대한 기록으로 고려시대의 「동국이상국집」과 「파한집」에 국화주가 수록되어 있는 것으로 미루어, 그 역사가 오래되었음을 알 수 있다. 또, 조선시대에 이르러서는 「동의보감」을 비롯하여 「요록」, 「고사십이집」, 「규곤시의방」 등 다양한 문헌에 등장하고 있어, 국화주가 대중주로 깊게 뿌리내렸음을 엿볼 수 있다. 세간에서도 "국화주를 하루에 세 번 한잔씩 따뜻하게 데워 마시면 뼈와 근육이 튼튼해지고 장수한다."고 전해지면서 너나없이 국화주를 즐겼던 것 같다.

자희향 국화주는 술의 향이 좋아 삼키기 아쉬웠다는 '석탄향'을 재현한 술로 찹쌀을 주원료로 하여 100일 간 옹기에 자연 발효시켜 만들어지는 약주이다. 전통 누룩을 사용해 빚어내 그 정성을 가늠케 한다.

* * *

연한 황색의 맑은 빛깔을 내는 자희향 국화주는 단맛과 신맛이 어우러져 묘한 감칠맛을 내는데, 단맛을 첨가하지 않고 발효과정에서 생성되는 자연스러운 단맛과 향기는 입에 머금었을 때 황국화 특유의 그윽한 향취가 입안을 감돌게 한다.

자희향 국화주는 대부분의 음식과 궁합이 좋은데, 특히 양념이 강하지 않아 술의 고유한 풍미를 살려줄 수 있는 가볍고 깔끔한 맛의 음식이 잘 어울린다.

약주청주, 15%

		Dry						Sweet
당도	Dry	□	□	■	□	□	Sweet
탄닌	Low	□	■	□	□	□	High
바디감	Light	□	■	□	□	□	Lean
산도	Low	□	■	□	□	□	High
복합감	Low		□	■	□	Complex

화전

'국화주'는 술에 국화를 넣어 담그는 청주로 풍류의 술이다. 꽃을 넣어 지져내는 화전에 '국화주'를 마시는 것은 단순히 술과 안주를 먹는다는 것 그 이상이다.

'꽃지지미', '꽃부꾸미'라는 이름으로도 불리는 화전은 계절에 따라서 진달래·배꽃·국화 등 제철에 나는 꽃잎을 얹어 지져내는 동글납작한 부꾸미의 일종이다. 화전의 문헌기록을 찾아보면 「동국세시기」에는 삼월 삼짇날 진달래꽃을 따다가 찹쌀가루에 반죽하여 둥근 떡을 만들었다고 기록하고 있고, 「음식디미방」, 「증보산림경제」, 「시의전서」에서는 각각 전화, 두견화전법, 두견화전으로 소개되어 있다.

자희향 국화주는 향이 은은하고 단맛이 뒤에 있어 거의 모든 음식과 궁합이 좋다. 봄에는 뒷산에 흐드러지게 핀 진달래를, 볕 좋은 가을날에는 마당에 핀 국화꽃을 한아름 꺾어 화전을 부쳐 함께 마셔도, 풍류를 느끼기에 모자람이 없으리라 본다.

'선(膳)'은 궁중의 일상식에 자주 등장하는 찬으로 오이나 호박, 가지, 두부, 배추, 생선 등에 고기를 채워 넣거나 섞어서 익힌 것의 통칭인데, 오이선은 아삭아삭한 오이와 소고기, 달걀, 버섯, 실고추, 통깨 등 여러 가지 고명이 함께 어우러진 모양이 아름다운 음식이다.

반가의 술로 알려진 자희향 국화주는 쌀의 자연스러운 단맛과 국화의 향을 가졌으므로, 양념이 강하지 않아 술의 고유한 풍미를 살려줄 수 있는 선이나 찜류의 가볍고 깔끔한 맛의 음식이 어울림이 좋다.

그중에서도 특히, 궁중이나 반가에서 주로 먹었던 여러 가지 고명의 담백한 맛과 오이의 상큼함이 조화로운 오이선은 고급청주인 국화주의 좋은 안주가 될 것이다.

오이선

황진이주

황진이주는 지리산의 청정지역에서 자란 산수유, 오미자, 지리산 자생약초와 깨끗한 물이 어우러져 빚어진 신맛과 단맛이 조화를 이루어 남녀가 함께 즐길 수 있는 좋은 술이다.

황진이주를 만드는 데에는 최소 6개월의 시간이 걸린다. 고두밥을 효모와 함께 27~28도에서 발효시키는데 오미자와 산수유는 따로 발효시킨다. 또한 황진이주는 백미에 가깝게 도정한 쌀을 고두밥 찌기 전에 한번 더 도정한 것으로 빚는다. 거기에 지하수를 직접 끌어올리는 지하관정을 통해 얻은 좋은 물을 사용한다. 물은 술 맛을 좌우한다. 상수도를 쓰지 않고 직접 지하수를 뽑아내 술의 원료로 사용한다.

* * *

신맛과 단맛이 조화를 이룬다. 투명한 붉은 색깔을 띠며 입 안에 넣으면 신맛과 상큼한 향이 난다. 목으로 넘길 때 구수한 곡물 맛이 나며 마지막에는 입 안에 단맛이 맴돈다. 맛이 부드러우며 청량감이 풍부하다.

황진이주는 향이 강하고 신맛과 쓴맛, 단맛이 공존하기 때문에 기름진 음식을 먹었을 때 조화를 이룬다. 또한 고추장, 된장 양념의 발효음식은 술맛을 돋운다.

약주청주, 13%

당도	Dry	□ □ ■ □ □	Sweet
탄닌	Low	□ ■ □ □ □	High
바디감	Light	□ □ ■ □ □	Lean
산도	Low	■ □ □ □	High
복합감	Low	□ ■ □	Complex

육전

전라도의 고급 전통음식인 육전은 소고기를 저며 양념해 두었다가 밀가루와 계란옷을 입혀 지져 낸 전류로 차례상이나 제상, 잔치상 등에 빠뜨리지 않고 올리던 음식이다.

소고기는 예로부터 귀한 식재료였고 특히 조선시대에는 소고기는 누구나 먹을 수 있는 식재료가 아니었기 때문에 귀한 음식으로 인식되었다. 이렇게 귀한 소고기에 밀가루와 계란물을 입혀 당시에 귀한 재료였던 기름에 고소하게 부쳐내는 육전은 역시 조선시대 고급 반가 술이었던 청주와 가장 격이 맞는다.

약재의 향이 강하고 신맛과 단맛이 조화로운 황진이주는 육류, 전 등의 음식과 잘 어울리는데 특히 전중에서도 육전과 어울림이 좋아 두드러지는 맛을 중화시켜 부드럽게 만든다. 입안에 감도 는 향을 부드럽게 어우러지도록 하여 술맛을 돋우는 좋은 안주가 된다.

매실은 '천연 소화제'로 인식되어 있지만, 최근에는 매실의 해독 기능이 주목을 받고 있다. 매실에 들어있는 피크린산은 독성물질을 분해하는 역할을 하여 식중독, 배탈 등 음식으로 인한 질병을 예방하고 치료하는 효과가 있다. 그리고 매실의 피루브산 성분은 간의 해독 작용을 도와 늘 피곤하거나 술을 자주 마시는 사람에게 좋다.

비타민이 풍부한 새콤한 매실을 이용하여 담근 장아찌는, 청주의 술맛을 돋우며, 술을 마신 뒤 숙취해소에 도움이 된다.

곡류, 산수유, 오미자의 발효향이 조화로운 전통약주인 황진이주는 고추장, 된장 등에 삭힌 장아찌와도 좋은 조화를 이룬다. 특히 고추장으로 양념한 매실장아찌의 단맛을 가진 매콤함은 황진이주의 부담 없는 안주로 그만이다.

매실장아찌

복분자음

복분자는 장미과에 속하는 산딸기나무의 열매로 음력 5월에 익은 열매가 검붉은 색을 내는데, 맛은 시고 달며 성질은 따뜻하다. 복분자는 예부터 한방에서 발효주에 주침 (酒浸)하여 약재로 사용하거나, 발효주와 혼합하여 술로 복용했다.

1960년대 전북 고창의 선운산 부근에 사는 주민들이 선운산에서 자생하던 야생 복분자를 밭에 옮겨 심은 뒤 6~9월경 열매를 따 술을 담가 먹었는데, 이후 고창의 명물이 되었다. 공기가 들어가지 않도록 옹기그릇에 잘 밀봉하여 2~3년을 경과해야 주향을 느낄 수 있고, 술의 빛깔은 아침에 함초롬히 핀 해당화처럼 맑고 빨갛게 물들어 있어 여느 와인 못지않은 아름다운 빛깔을 지닌다. 복분자음은 국내산 복분자를 100%로 사용하고 인공향료나 방부제, 인공색소를 전혀 사용하지 않아 복분자 본연의 맛을 잘 살렸으며, 자연발효를 통해 얻을 수 있는 최적의 도수인 12도를 고수하여 남녀노소 누구나 편하게 즐길 수 있도록 빚었다.

* * *

복분자음은 복분자의 맛과 향이 진하기 때문에 맛이나 향이 강한 음식과 함께 먹어도 술 본연의 맛을 잃지 않는다. 특히 기름지고 비릿한 향을 가진 생선류와 먹을 경우 복분자음 본연의 맛과 향은 그대로 가지고 있으면서도 생선의 비린 향을 잡아주기 때문에 생선을 주재료로 하는 음식과 함께 마시기 좋다.

과실주, 12%

당도	Dry	□	□	□	■	□	Sweet
탄닌	Low	□	□	■	□	□	High
바디감	Light	□	■	□	□	□	Lean
산도	Low	□	■	□	□	□	High
복합감	Low	□	■	□	□		Complex

장어구이

복분자음은 복분자를 발효시켜 만드는 발효 과실주이다.

과실주에 있는 탄닌성분은 떫은 맛을 내어 단백질이 풍부한 음식을 더욱 부드럽게 해주고 신맛을 내는 술은 기름진 음식을 산뜻하게 해준다. 그래서 떫은 맛과 신맛을 함께 가진 복분자주는 장어구이와 같은 기름진 단백질음식에 더욱 잘 어울린다.

고창의 선운산 주변에서는 오랜 옛날부터 복분자술과 함께 풍천장어가 특산물의 하나로 회자되어 왔다. 선운산 어귀 바닷물과 민물이 합해지는 주진천 지역을 풍천이라 하고 이 지역에서 잡힌 장어를 풍천장어라 하여 자양강장과 보양식 재료로 이미 대중적으로 많이 알려질 정도로 그 궁합이 좋다.

예로부터 생선찜은 조선시대 사대부가에서 즐겨 먹던 중요한 전통음식 중의 하나이다.

고조리서 중에 다양한 생선의 찜 요리법에 대한 내용은 「시의전서」, 「부인 필지」, 「음식디미방」, 「규합총서」 등에 있으며 「음식디미방」에는 "붕어의 등을 따고 천초, 생강, 파, 참기름에 된장을 걸러 놓고, 가루즙을 가득히 넣고 중탕하여 찌면 맛이 있다"라고 하였다.

중간 정도의 바디감과 적당한 당도를 가진 복분자음은 간장이나 된장 베이스의 조림이나 지짐, 국물이 약간 있는 찜과도 어울리며 기름기가 있는 생선류와도 좋은 조화를 이룬다. 풍부한 향과 기분 좋은 단맛 때문에 짠맛의 안주와 어울림이 좋다.

생선찜

자연담은 복분자막걸리

복분자주는 예로부터 고창지역 향토주로 전래되어 오던 것을 1995년 선운산 복분자 주가 과실주 제조면허를 받아 생산하기 시작하였다. 전북 고창에서 재배된 쌀과 고창 심원면에서 재배한 1등급 복분자를 원료로 사용한다. 고창산 1등급 복분자가 20% 함유되었으며 술이 완성될 때까지 높은 열을 가하지 않고 가루 낸 고창의 생쌀과 고창 의 맑은 물을 그대로 사용하여 빚은 것이다. 기존의 고두밥을 만들어 사용하고 소량의 복분자만 사용한 복분자 막걸리와는 달리 쌀을 가공하면서 발생하는 영양소 파괴를 최소화하고 복분자 특유의 향과 맛을 한층 더 살려준 것이 특징이다.

* * *

자연담은 복분자막걸리는 단맛과 신맛이 조화를 이루며 복분자 고유의 맛과 향기가 입 안을 가득 채운다. 복분자와 막걸리가 만나 술 색이 부드러운 보랏빛으로 매우 아름답다.

복분자의 향과 단맛이 살아있는 자연담은 복분자막걸리는 다양한 종류의 음식과 모두 잘 어울리는데 막걸리가 가진 곡물성분 때문에 담백한 주전부리나 고춧가루 양념의 발효식품과 그 어울림이 좋다. 담백한 김부각은 복분자의 은은한 향과 단맛을 음미 하고 싶을 때 잘 어울리며, 잘 삭은 가자미식해는 막걸리 특유의 곡물향과 부드러운 조화를 이룬다.

살균막걸리, 6%

당도	Dry	□□□■□ Sweet
탄닌	Low	□■□□□ High
바디감	Light	□■□□□ Lean
산도	Low	□■□□□ High
복합감	Low	□　■　□ Complex

김부각

부각은 식물성 식품에 찹쌀풀을 발라서 말려 두었다가 필요할 때 기름에 튀겨 먹는 음식으로, 바삭하고 담백한 김부각은 가을철 볕이 좋을 때 한 가지씩 풀을 발라서 정성들여 말렸다가 기름에 튀겨서 주안상이나 손님상에 올렸던 귀한 전통 술안주이다.

김부각을 만들 때에는 김은 구멍이 뚫리지 않고 두꺼운 것으로 고르고, 찹쌀 풀을 되직하게 쑤어 발라 말리면 부각을 튀겼을 때 눈송이가 내려앉은 것처럼 하얗게 일어나 보기에 좋다.

복분자 향이 살아있는 과일 막걸리인 자연담은 복분자막걸리는 다식이나 숙실과 등의 단맛을 가진 음식과도 잘 어울리며, 담백한 맛의 김부각과 곁들이면 복분자의 향이 배가 되어 최고의 술안주상이 될 것이다.

가자미식해

「동의보감」에는 동해의 가자미를 '접어'라 칭하면서, 성질이 평안하고 맛이 달며 독이 없다고 기록되어 있다. 또 허약한 것을 보강하고 기력을 강하게 하며, 많이 먹으면 양기를 움직이게 한다고 전해진다. 식해는 곡식의 '식'과 어육으로 담근 젓갈 '해'를 합쳐 표기한 발효 음식이다.

가자미식해는 가자미를 손질하여 얼간으로 48시간 정도 절여 먹기 좋은 크기로 토막을 친다. 메조밥을 되직하게 지어 마늘, 생강, 고춧가루, 엿기름가루를 섞어서 항아리에 생선과 함께 켜켜이 놓고 꼭 눌러 삭힌다. 일주일 정도 익혀 물이 올라오고 조밥이 다 삭으면 무를 굵게 채 썰어 소금에 약간 절여 물기를 짜고 마늘, 고춧가루, 통깨를 넣어 버무린 것과 가자미를 섞어서 숙성시킨다.

복분자의 단맛과 상큼함이 입 안 가득 퍼지는 복분자막걸리는 고춧가루 양념의 삭힌 젓갈류와도 좋은 궁합을 보이는데 잘 삭은 가자미식해는 복분자막걸리의 주성분인 곡물성분과 조화를 이룬다.

전통주, 한식과 만나다

경상

솔송주 • 전복초 / 생선간장조림

오미로제 스파클링와인 • 편육냉채 / 잣즙냉채

자두와인 • 감자부각 / 사과숙

담솔 • 불낙전골 / 맥적

매아랑 • 매실초고추장 생선회무침 / 언양불고기

솔송주

송순주는 향기로운 청주로 조선시대 사대부였던 문헌공 정여창의 집안에서 대대로 이어져 온 고급 가양주이다.

송순주는 1600년대에서 1900년대 초반까지 오랜 기간 주로 반가의 상비주로 자리 잡았던 술로 양반과 선비들이 반주와 약용 목적의 건강주로 즐겼던 가양주의 전통을 가지고 있으며, 찹쌀과 누룩, 송순, 솔잎을 원료로 빚어 술에서 은은한 솔향이 난다.

경남 함양 하동 정씨 집안의 16대손 며느리로 들어와 송순주를 처음 접했던 박흥선 명인은 며느리로서 집안의 좋은 전통주를 이어야한다는 자각으로 송순주의 명맥을 잇기 시작했고, 다른 송순주와 차별화를 하기 위해 솔송주라 이름을 붙였다고 한다.

박흥선 명인은 매년 4월 말부터 5월 초까지 거둬들인 솔잎 새순을 살짝 쪄서 사용해 솔잎의 향을 가다듬어 솔잎의 청량한 향을 더욱 살렸다.

* * *

은은한 솔향기와 감칠맛이 일품이며 솔잎 특유의 떫은 맛이 없는 점이 특징이다. 도수가 높지 않으며 단맛, 쓴맛, 부드러운 맛이 좋은 깔끔하고 향이 좋은 술이다.

솔송주가 가지는 솔향, 조화로운 단맛과 쓴맛을 즐기기 위해서는 깊은 감칠맛을 내는 간장양념의 안주가 솔송주의 복합미를 배가시킨다.

약주청주, 13%

당도	Dry	□□■□□	Sweet
탄닌	Low	□■□□□	High
바디감	Light	□■□□□	Lean
산도	Low	□■□□□	High
복합감	Low	□ ■ □	Complex

전복초

전복초는 최고급 재료인 전복 외에도 소고기나 버섯 등이 들어가는 조선시대 궁중 및 사대부의 최고 찬품으로 특히 궁중에서는 각종 연회나 일상 찬품에서도 이 전복초가 빠지지 않았는데, 그만큼 귀한 보양식으로 생각했기 때문일 것이다.

전복초는 생전복의 살만 떼어 내어 데쳐 조림장으로 조린 반찬으로 여기서 '초(炒)'란 윤기 나게 조린다는 의미를 담고 있다. 「이조궁정요리통고」에는 "소고기를 납작납작 썰어서 간장, 설탕, 후춧가루, 깨소금으로 양념하여 물을 부어 끓인다. 여기에 전복을 넣고 물이 거의 졸았을 때에 진간장과 설탕을 넣고 빛깔이 거뭇거뭇 해지면 녹말가루를 물에 풀어서 넣고 그 다음에 참기름을 넣는다. 빛깔이 검고 쫄깃쫄깃하며 윤이 나면 잘 된 것이다."라고 기록되어 있다.

솔잎 특유의 은은한 향과 묵직한 바디감은 가벼운 맛보다는 간장 양념의 감칠맛과 어울림이 좋다. 또한 사대부가의 청주로 알려진 솔송주와 조선시대 사대부가의 보양식이었던 전복초는 격식있는 술상 차림에 어울리는 안주로 추천할 만하다.

생선간장조림은 우리의 전통적인 생선조리법이다. 담백한 생선의 맛을 그대로 살려주며 생선살을 단단하게 하고 생선의 맛을 극대화 시켜주는 조리법이다. 조림의 간은 주로 간장으로 하지만 살이 붉고 비린내가 강한 생선은 간장에 고추장이나 고춧가루를 섞어서 조리기도 한다.

궁중용어로는 '조리니'라 하고, 조선시대 조리서에 기록된 생선조림의 종류로는 생치조림, 붕어조림, 민어조림, 도미조림, 병어조림 등 종류가 다양하다.

생선을 무와 함께 넣고 약간의 청주와 생강즙을 넣어 비린맛을 잡아준 뒤 간장조림장을 넣어 조리한 생선간장조림은 부드럽고 달큰한 맛 때문에 청주와의 어울림이 좋다. 특히 솔송주 자체의 향과 조화로운 맛을 해치지 않는 간간한 생선조림은 솔잎 향이 은은한 솔송주에 어울리는 안주가 될 것이다.

생선
간장조림

오미로제 스파클링와인

오미로제 스파클링 와인은 양조학 전문가인 이종기 박사에 의해 탄생한 제품이다. 이종기 박사는 스코틀랜드 유학시절 파티 때 여러 나라의 학생들이 자기 나라의 대표 명주를 가져와 시음을 하게 되었다. 그때, 한 프랑스 여학생은 로제 샴페인을 가져와 인기가 있었는데, 한국의 대표적인 약재침출주는 친구들에게 놀림을 당하게 되었다.

귀국 후 오미자를 재료로 한 스파클링 와인 개발을 시도하였다. 유학시절부터 부러웠던 로제 스파클링 와인을 포함한 개발실험을 수백 번 시도하였다. 어느 날 한 시료에서 격렬하게 부글거리는 것을 보고 집중적으로 연구한 결과 오미자 와인 발효에 대한 실마리를 찾을 수 있었다. 오미로제 스파클링 와인은 이렇게 탄생하게 되었다.

* * *

첫맛은 새콤달콤하며 목넘김과 함께 향긋한 맛이 입안 전체를 감돈다. 이후 긴 자연의 향기만 여운으로 가득해지며 오미자 특유의 신맛을 오크통 숙성으로 누그러뜨려 신맛과 쓴맛을 조화시키며 특유의 스파이시한 향 또한 보존하고 있다.

오미로제 스파클링 와인은 가볍게 마시는 식전주로 잘 어울리는데 오미자 특유의 신맛은 입맛을 돋우기에 더할 나위 없이 좋다. 어울리는 음식도 마찬가지로 가벼운 전채요리나 차가운 냉채요리가 좋은데, 특히 오미로제 스파클링 와인의 맛을 해치지 않으면서도 입맛을 돋우는 음식이면 더욱 좋다. 차갑게 먹는 전채요리 중 중 편육냉채와 잣즙냉채는 모두 오미로제 스파클링 와인의 섬세한 맛을 살리기에 무리가 없다.

과실주, 12%

당도	Dry	☐	■	☐	☐	☐	Sweet
탄닌	Low	☐	■	☐	☐	☐	High
바디감	Light	☐	☐	☐	■	☐	Lean
산도	Low	☐	☐	☐	☐	■	High
복합감	Low	☐		☐		☐	■	Complex

편육냉채

식사를 시작하기 전에 가벼운 스파클링 와인이나 칵테일을 마시며 정찬의 분위기를 만들어 가는 데, 이때 마시는 술을 '아페리티프(Aperitif)'라 한다. 이에 어울리는 전체 요리는 담백하고 산뜻한 요리가 제격이다.

편육냉채는 궁중에서 큰 행사가 있을 때 나오는 음식으로 사태육 외에도 죽순, 오이, 사과 등의 재료도 함께 사용한다. 사태는 지방이 거의 없어서 식어도 맛있게 먹을 수 있어 냉채로 만들어 먹기에도 좋은 부위로 이에 씹는 식감이 좋은 죽순이나 오이등 여러가지 재료에 매콤하고 새콤 달콤한 겨자초장을 뿌려 곁들인다.

오미로제 스파클링 와인은 단맛, 신맛, 쓴맛이 조화된 스파클링의 참 맛을 낸다. 여기에 입맛을 돋우는 편육냉채를 곁들인다면 정찬의 기분좋은 시작이 될 것이다.

냉채의 양념을 무엇으로 했는가에 따라서 겨자채, 잣즙냉채, 호두즙냉채 등으로 나눌 수 있다.

견과류의 일종인 잣은 예로부터 불로장수의 묘약, 신선의 식품으로 알려졌으며 동의보감에서는 해송자(海松子)라고 하여 기운이 없거나 입맛이 없을 때 좋은 식품이다. 잣에는 비타민 B가 풍부하고 호두나 땅콩에 비해 철분이 많이 들어 있어 빈혈의 치료와 예방에 좋으며 지방함유량은 약 68% 정도로 높은 편이다.

오미로제 스파클링 와인은 첫 맛은 새콤달콤하고 뒤를 이어 향긋한 맛이 입안전체를 감싸는 술이다. 이러한 섬세한 맛을 깨지 않기 위해서는 입맛을 돋우는 차가우면서 산뜻한 맛의 냉채가 제격이다. 냉채 중에서도 우리의 전통 소스인 잣즙을 활용한 산뜻하면서도 고소한 잣즙냉채는 추천할 만하다.

잣즙냉채

자두와인

김천은 전국 1위를 자랑하는 전국 제일의 자두 주산지이며 자두 특구로 지정된 지역이다. 자두와인은 김천 특산물인 자두를 이용한 발효주로 3개월 이상 저온에서 숙성시켜 자두 특유의 향과 색이 살아 있고 자두의 기능성 성분이 그대로 함유되어 건강주로서 효능이 높으며 와인을 처음 접하는 사람들도 즐길 수 있다.

향토 자원 특성화를 위한 김천산 자두 연구 및 산업화를 위하여 김천대학교 향토식품개발원에서 끈질긴 연구 끝에 자두와인을 제조 성공시켰다. 1998년 설립된 연구소는 지역농민과 학교 현장이 결합된 모범사례다. 자두와인은 2009년에는 국세청기술연구소로부터 좋은 국산 술 품질 인증을 받았다.

* * *

일반 와인보다 새콤한 향이 강하며 바디감 역시 더 진한 느낌이다. 첫 모금에는 신맛과 탄닌의 떫은 맛이 혀를 자극하지만 뒤이어 오는 자두의 달콤한 맛이 이 모든 것을 부드럽게 감싸준다. 일반적이 포도와인에 비해 맛과 향이 모두 강하며 자두 특유의 향과 색이 살아 있다.

자두와인은 자두의 새콤한 향과 적당한 단맛으로 디저트와인으로 마시기 적당한데, 이 때문에 무거운 음식보다는 가볍게 먹을 수 있는 부각이나 과편, 과일을 이용한 후식류와 어울림이 좋다.

과실주, 12%

당도	Dry	□ □ ■ □ □	Sweet
탄닌	Low	□ ■ □ □ □	High
바디감	Light	□ □ ■ □ □	Lean
산도	Low	□ □ ■ □ □	High
복합감	Low	□ ■ □	Complex

감자부각

부각은 육류나 어류를 먹지 않는 사찰에서 열량과 영양소를 보완하기 위한 음식이었다. 감자는 탄수화물이 거의 대부분이나 비타민 C와 B1이 많이 들어있어 겨울철 비타민 공급원으로 매우 중요한 식품이다.

수분이 적은 밭 감자를 골라 깨끗이 물에 씻어 껍질을 벗긴다. 얇게 썰어서 찬물에 1~2시간 담갔다가 건진다. 끓는 물에 2~3분간 삶아 건져서 볕이 좋은 날 바싹 말린 뒤 180℃ 정도의 기름 온도에 재료를 하나 넣어 보아 반쯤 잠기다가 금방 떠오를 때에 튀겨야 바삭바삭하고 맛이 좋다.

새콤한 자두향의 달콤한 자두와인은 담백한 짠맛의 바삭한 감자부각과 그 맛의 조화가 좋다.

'숙(熟)'이란 배나 사과, 복숭아 등의 과일 껍질을 벗겨 크게 썰거나 통으로 꿀물에 끓여 익힌 음료의 통칭이다.

민간에서는 구경조차 할 수 없었고 궁중에만 있었던 귀한 음료인 사과숙 만드는 법은 사과를 쪼개어 껍질을 벗긴 다음 속을 도려낸다. 이어 가장자리를 예쁘게 다듬은 뒤 사과에 통후추를 깊숙히 박는다. 물에 생강을 얇게 져며 넣고 끓이다가 설탕 또는 꿀과, 앞서 준비한 사과를 넣고 다시 끓여 식힌다. 충분히 식으면 생강을 빼내고, 상에 낼때에는 화채그릇에 유자즙을 넣고 낸다.

새콤달콤한 과일로 만든 숙실과나 과편 등 달콤한 음식은 자두와인과 마실 때 서로 맛과 향을 돋아주는 좋은 역할을 한다. 자두와인과 사과숙은 아름다운 색과 아름다운 향을 자랑하는 술과 안주의 궁합이라고 볼 수 있다.

사과숙

담솔

'맑은 소나무'라는 뜻을 품고 있는 담솔은 사철 푸른 소나무의 절개와 장인의 혼이 담긴 술이다. 조선시대 성리학의 거두이자 동방오현(東方五賢) 중 한 명으로 추앙받는 문헌공 일두 정여창 선생을 배출한 하동 정씨 가문에서 문중의 크고 작은 경조사와 가객접대용으로 사용한 가양주를 현대적 양조기술로 재탄생시킨 술이 바로 담솔이다.

담솔은 하동 정씨 집안에서 500년간 비법이 전해져 내려온 솔송주를 정성스레 증류하여 내린 술로서 2년간 저온 숙성시켜 그 부드러움과 감미로움을 이끌어 낸 뒤 꿀로 뒷맛을 잡아낸 고급 증류주이다. 500여 년 동안 집안 대대로 시어머니가 며느리에게 물려주었던 솔송주 제조비법은 박흥선 명인의 손에서 꽃을 피웠다. 그 역사적인 정통성과 문화적 가치를 이어온 공로를 인정받아 대한민국 식품명인과 무형문화재로 지정되었다.

* * *

소나무 순의 향과 솔잎의 신선한 느낌, 자극적이지 않은 단맛을 가지고 있다. 술맛은 투명하고 맑은 무색의 향긋한 솔향이 부드럽게 있어 시원하고 상쾌한 느낌을 준다.

담솔은 고도주이면서도 솔향과 살짝 감도는 단맛을 가지고 있기 때문에 육류와 잘 어울린다. 특히 간장이나 된장양념의 전골요리나 고기산적과도 어울림이 좋다.

리큐르, 40%

당도	Dry	□ □ ■ □ □	Sweet
탄닌	Low	□ ■ □ □ □	High
바디감	Light	□ ■ □ □ □	Lean
산도	Low	□ ■ □ □ □	High
복합감	Low	□ ■ □	Complex

불낙전골

서해안 사람들은 낙지를 '뻘 속의 산삼'이라고 표현한다. 실제로 낙지는 단백질과 무기질이 풍부해 소고기와 비교해도 영양가가 떨어지지 않는 바다 속의 스태미나 식품이다. 조선시대 정약전선생이 쓴 「자산어보」에도 "쓰러진 소에게 낙지를 먹여 기운을 차리게 한다."는 이야기가 나오고, 실제 남도에서는 소가 새끼를 낳거나 여름에 더위를 먹고 쓰러졌을 때, 큰 낙지 한 마리를 던져 준다고 한다.

연한 불고기와 낙지를 주재료로, 여러가지 채소와 함께 끓여내는 불낙전골은 낙지의 쫄깃쫄깃 씹히는 맛이 일품이며, 담백한 국물이 고도주인 담솔의 목넘김을 좋게 한다.

솔송주는 조선시대 귀한 궁중술이었다. 이 귀한 솔송주를 다시 증류시켜서 만든 담솔은 술 자체의 풍미를 즐기기에도 역시 불낙 전골이 제격일 것이다.

우리나라 고기요리의 시초라고 할 수 있는 맥적(貊炙)은 고기를 넓고 얇게 저며서 된장에 재워
두었다가 마늘이나 달래로 양념을 해서 숯불에 구워먹었던 요리이다.

높은 도수를 가지고 있으면서도 신선한 솔향, 부드러운 목넘김, 살짝 감도는 단맛을 가진 담솔은
간장이나 된장으로 양념한 육류와 그 어울림이 좋은데, 그 중 맥적은 자극적이지 않으면서도
고기의 감칠맛과 양념의 풍미를 모두 지니고 있어 담솔과 잘 어울린다.

된장 양념의 은근한 짠맛과 단맛이 담솔의 높은 알코올을 부드럽게 중화시켜 부드러운 솔향이
입안을 감돌게 한다.

맥적

매아랑

매아랑은 세계 최초로 매실로 만든 하동 특산주로 제조장이 경남 하동군 옥종면 궁항리 지리산 왕자봉인 주산 기슭 해발 400m에 위치해 있는 것만으로도 이미 와인이 지리산 왕자봉의 기를 담고 있다고 할 수 있다. 하동 매실와인이 좋은 이유는 자연발효를 거치기 때문에 정성스레 만들어진 풍미가 있으며, 잘 익은 황매실로 만든 자연 본연의 맛을 느낄 수 있다. 또한 지리산의 맑은 기운과 주산의 암반수를 사용하였으며, 저온발효와 살균, 숙성의 단계를 거치는 깐깐한 제조과정으로 제조한다. 마지막으로 몸에 해로운 화학성분은 일절 첨가하지 않았다.

매아랑은 2013년도 우리술 품평회의 기타주류 부문에서 장려상을 수상하였는데, 저온발효와 살균, 숙성과정을 거친 매아랑만의 제조 비법을 통해 나온 상큼하고 달콤한 맛에 대해 좋은 평가를 받았다.

* * *

화이트와인 같은 빛깔과 산미를 지니고 있으며 매실의 향기가 은은하다. 달콤 쌉싸름하고 풍미가 있는 감칠맛을 지니고 있다. 매실 특유의 산도가 적당하게 느껴지지만 텁텁하지 않고 달콤한 맛이 혀끝에 머무르다 부드럽게 넘어간다.

매실의 향과 단맛은 다소 강한 비린내나 육류도 풍미로 만들 수 있는데, 매콤하면서도 상큼한 양념의 생선회무침은 매아랑의 단맛을 더욱 자극하고, 회무침 특유의 생선 비린내를 잡아준다.

기타 주류, 9%

당도	Dry	☐ ☐ ☐ ■ ☐	Sweet
탄닌	Low	☐ ■ ☐ ☐ ☐	High
바디감	Light	☐ ■ ☐ ☐ ☐	Lean
산도	Low	☐ ☐ ■ ☐ ☐	High
복합감	Low	☐ ■ ☐	Complex

매실초고추장
생선회무침

우리나라의 매실의 유래는 약 1500년 전에 중국을 거쳐 들어 왔으며, 선조들은 오랜 세월을 두고 이 열매를 식용이나 약용으로 애용해 왔다. 조선시대 궁중에서는 임금님의 수라에 올리는 고깃국을 소금과 매실로 간을 맞추고 누린내를 제거했으며, 절(寺刹)에서도 살림이 지금 같지 않고 음식을 공양 받아오던 시절, 음식의 비린내가 배었거나 상할 조짐이 보이면 매실즙을 넣고 죽을 쑤었다고 한다.

예로부터 우리나라 사람들은 회를 즐겨 먹었다. 생선을 날로 먹기도 하지만 살짝 익혀서 먹는 숙회와 갖은 채소를 넣어 무치는 회무침이 발달한 것이 특징이다.

매실초고추장은 오징어나 문어숙회를 찍어 먹을 때나 생선회, 회덮밥의 비빔장으로도 이용된다. 매실초고추장으로 무쳐 만든 생선회에는 역시 황매실로 만든 발효과실주인 매아랑이 제격이다. 매실의 해독효과도 기대해 보고 매실향을 느끼면서 생선회를 즐겨도 좋을 듯하다.

언양불고기는 경상남도 언양읍의 향토 음식으로 소고기는 연한 등심이나 안심을 골라 얇게 썰어 배즙과 양파즙으로 재워 육질을 부드럽게 한다. 여기에 고기 양념을 넣어 주물러 간이 배도록 하고 석쇠에서 타지 않게 굽는다.

광양식불고기가 즉석에서 양념을 해 구워내는 반면, 언양불고기는 본래 2~3일 전에 미리 양념에 재두는 것이 다르다. 최근 언양불고기는 마블링의 상태가 제법 좋은 등심이나 살치살 등의 부위를 얇게 저민 후 간장으로 즉석에서 버무려 숯불에 구워 먹기도 한다.

불고기는 사실 어떤 술과도 잘 어울린다. 특히 와인과 불고기의 궁합은 더 좋다. 화이트 와인 같은 산미, 매실의 달콤함과 향을 그대로 담고 있는 매아랑은 숯불에 구워 은은하게 퍼지는 불고기의 향과 어울려 함께 즐기기 좋다.

언양불고기

전통주, 한식과 만나다

강원

설이소주 · 곤드레나물 / 닭갈비

지장수 호박막걸리 · 감자전 / 고추장불고기

설이소주

설이소주는 생쌀을 갈아 저온 발효 후 냉각·여과하여 만든 술로 맑고 투명한 술의 모습을 강원도의 새하얀 설원을 형상화하는 '눈(雪)'에 비유하여 설이소주라 이름 지었다.

전통주의 다양한 향미발효기술과 여과기술을 통해 전통의 맛은 살리되 약간 익숙지 않은 약주 특유의 향과 쓴맛은 최소화 하였다. 설이소주는 100% 국내산 생쌀을 찌지 않고 발효하는 기법으로 고온에서 발생하는 유해물질인 에틸카바메이트를 최소화 하였으며, 천연미네랄이 풍부하고 미네랄 밸런스가 조화로워 항산화작용에도 도움을 주는 것으로 알려진 해양심층수를 정제수로 사용해 다른 증류식소주와는 또 다른 맛을 가지고 있다.

＊　＊　＊

생쌀발효기법을 통해 만들어져 쌀의 향미와 조화로운 단맛이 살아있고 해양심층수로 만들어 목넘김이 부드럽다.

고도주임에도 탄닌과 산도가 낮기 때문에 다양한 양념을 한 음식과 어울리며 맛과 향이 강한 음식과도 그 어울림이 좋다. 강원도 술인 설이소주에 추천할 만한 안주도 그 맛과 향의 두드러짐이 강하지 않아 호불호가 크게 갈리지 않는 강원도 지방의 소박한 전통음식인 곤드레 나물과 닭갈비로 다양한 어울림에 무리가 없는 술과 지역 음식이 조화롭다.

증류식소주, 40%

당도	Dry	□	■	□	□	□	Sweet
탄닌	Low	■	□	□	□	□	High
바디감	Light	□	□	■	□	□	Lean
산도	Low	■	□	□	□	□	High
복합감	Low	□		■		□	Complex

곤드레나물

곤드레는 태백산의 고지에서 자생하는 산채로 맛이 담백하고 부드러우며 향이 독특한 것이 특징이다. 보통의 산나물은 맵거나 톡 쏘는 휘발성의 향이 있어 가끔씩 기호음식으로는 먹을 만하나 매끼니 먹을 수 없는데, 곤드레 나물은 삼시세끼 몇 달을 먹어도 탈나거나 질리는 일이 없어 구황식물로도 이용되던 강원도 지방의 지역특산물이다.

곤드레나물을 만드는 방법은 부드러운 잎으로 골라 깨끗이 살짝 데쳐 찬 물에 헹군 다음 물기를 꼭 짠다. 청장, 다진 파, 다진 마늘, 참기름, 깨소금 등을 섞어 양념장을 만들고 곤드레를 양념장에 무쳐서 내면 밥반찬으로도 안주로도 좋다.

설이소주는 알콜도수가 높으나 그에 비해 탄닌과 산도가 약한 술이므로 고소한 참기름에 무쳐 윤기 반지르한 나물안주가 강한 알콜기운을 상쇄하는 소박한 안주가 된다.

'계륵(鷄肋)'이라는 말이 있다. 조조가 닭백숙을 먹으면서 중얼거려 장수들이 그의 의중을 파악하려 고민했던 이 단어는 문자 그대로 닭갈비란 뜻으로, 닭다리처럼 뜯을 수 있을 정도로 푸짐하지도, 가슴살처럼 살집이 많은 것도 아닌 닭의 애매모호한 부위이다. 그러나 그 '계륵(鷄肋)'이 이렇게 인기 있는 음식으로 변신할 줄은 조조도 몰랐을 것이다.

고추장 양념에 재워둔 닭을 갖은 채소와 함께 커다란 팬에 볶아 먹는 닭갈비는 매콤한 맛을 좋아하는 이들의 입맛을 사로잡으며 춘천을 넘어 전국 어디서나 사랑받는 음식으로 자리매김하고 있다.

설이소주의 특징은 적당한 단맛, 바디감, 그리고 복합미에 있다고 할 수 있다. 이는 다양한 양념을 한 음식과 어울림에 무리가 없다는 의미이다. 이러한 특징에서 본다면 닭갈비와 설이소주는 지역 대표 음식과 술의 이상적인 만남이라 할 수 있다.

닭갈비

지장수 호박막걸리

지장수(地漿水)란 「동의보감」에 나오는 말로 '황토를 내린 물'이란 의미인데, 양지 바른 들판이나 깊은 산등성이의 황토 땅 속으로 구덩이를 판 곳에 물을 부은 다음 휘저은 후 굵은 입자들이 가라앉은 후 위에 뜬 맑은 물을 지장수라고 부른다. 지장수는 우리 몸의 나쁜 독성을 말끔히 해독시켜주는 해독제로 한방에서 주로 통용되어 오고 있다. 단호박은 비타민 A·B1·B2·C와 카로틴 함량이 높고 식이섬유가 풍부한 저칼로리 섬유 식품으로 이미 대중들에게 좋은 평가를 받고 있다.

이렇듯 인체 내의 독을 해소할 수 있는 효능을 가진 지장수와 우리 몸에 좋은 단호박으로 술을 담근 것이 바로 지장수 호박막걸리이다.

* * *

고유의 노란 빛깔은 마시는 이로 하여금 술을 마시기 전에 눈으로 즐길 수 있도록 하고, 입에 머금었을 때는 깔끔하고 부드러운 맛과 호박의 은은한 향이 혀와 코를 자극한다. 목넘김과 뒷맛이 깔끔하고 감칠맛이 뛰어나다.

흔히 '비오는 날엔 막걸리에 전이지.'라는 이야기를 하곤 하는 것처럼 막걸리의 안주로는 기름기가 있는 전류가 잘 어울리는데, 지장수 호박막걸리가 생산되는 강원도의 대표적인 전 음식인 감자전은 지역적인 풍미도 함께 즐길 수 있는 최고의 안주이다.

또한 고단백 고열량 식품인 돼지고기는 혈중 콜레스테롤을 낮춰주는 역할을 하는 호박과 함께 먹었을 때 매우 잘 어울리는데, 특히 은은한 단맛과 호박의 향이 있는 지장수 호박막걸리는 매콤한 듯 달짝지근하게 조리된 고추장불고기(제육볶음)와 그 궁합이 좋다.

강원 ❀ 지장수 호박막걸리

살균막걸리, 6%

당도	Dry	□ □ ■ □ □	Sweet
탄닌	Low	□ ■ □ □ □	High
바디감	Light	□ □ ■ □ □	Lean
산도	Low	□ ■ □ □ □	High
복합감	Low	□ ■ □	Complex

감자전

비오는 날, 전 한 접시와 막걸리는 상상만 으로도 군침이 돈다. 막걸리에 기름진 전은 술안주이자, 식사대용으로도 충분하여, 애주가들의 일거양득 안주거리가 될 수 있다.

강원도식 토속감자전은 감자를 물에 담가 썩히고 감자껍질이 둥둥 뜨면 떠있는 껍질은 건져버리고 또 며칠을 둔다. 그러면 감자가 썩어서 풀어지고 이것을 체에 으깨며 걸러주면 덜 썩은 껍질과 찌꺼기들이 걸러지고, 나머지는 물속에 가라앉아 계속 썩는다. 하루에도 몇 번씩 물을 갈아주며 가라앉은 전분을 뒤적이는 작업을 되풀이 하면 바닥에는 전분만이 남는다. 감자를 썩히는 과정은 고약한 냄새를 풍겨서 저걸 어찌 부쳐먹을까 싶을 정도이지만 놀랍게도 훌륭한 맛으로 변신해 쫄깃하고 고소한 강원도식 토속감자전이 된다.

강원도 지역의 물로 빚은 지장수 호박막걸리는 강원도 토속음식인 감자전과 좋은 궁합을 이룬다. 우리네 어르신들이 그랬듯, 취하기 위해서 마시는 술이 아닌 음식의 맛을 살리며 흥을 돋우는 막걸리와 어우러짐이 좋은 안주이다.

우리는 쇠고기하면 불고기, 돼지고기하면 제육볶음을 가장 먼저 떠올린다. 가격이 저렴하면서도 고기맛을 즐기기에 좋은 제육볶음은 서민적인 술인 막걸리에 어울리는 좋은 안주다. 「조선무쌍신식요리제법」에는 비계나 껍질을 조리면 너무 기름지니 배 빠지노른게(삼겹살)나 다리가 좋다고 되어 있으며, 방신영의 「조선요리제법」에는 간장 대신 새우젓으로 간을 맞추어 볶으면 더 좋다고 제시되어 있다.

한자어인 제육의 형태는 돼지 '저(猪)'를 써서 '저육(猪肉)'이다. 저육이라는 단어를 사용하면서 'ㅣ' 모음이 추가되어 제육의 형태로 변한 것으로 추측된다.

지장수 호박막걸리의 후미에 올라오는 호박의 진한 향과 단맛은 간장보다는 고추장 양념이 어울린다. 매콤하면서도 달짝지근한 고추장 양념의 제육볶음은 호박의 달큰한 향과 어울려 서민의 걱정과 한숨을 날려 줄 술과 안주로 추천할 만하다.

고추장불고기
(제육볶음)

전통주, 한식과 만나다

제주

오메기술 • 몸국 / 돔베고기

고소리술 • 갈치국 / 쟁기떡

녹고의 눈물 • 대구맑은탕 / 김치찜

오메기술

오메기술은 탐라국이 건국되기 이전부터 당에서 무리를 지어 신에게 제사를 드리고 음주가무를 위해 제조한 것으로 보인다. 제주도는 화산회토로 이루어진 토양이기 때문에 기층문화는 좁쌀문화이다. 밭벼가 재배되기는 하였으나 워낙 소출이 적어 제례용 밥이나 떡으로 만들었고, 대신 곡물이 많이 소비되는 술은 차조로 빚었다. 차조를 가루로 내어 동그랗게 만들어 끓는 물에 삶은 떡을 오메기떡이라 하는데 술을 빚는데 사용한다 하여 술떡이라고도 한다.

술은 대체로 지명, 재료, 향기, 술맛 또는 빚는 시기 등에 따라 이름이 붙여지는데 오메기술은 특이하게도 오메기떡이라는 술 재료의 처리방법에 따라 그 이름이 유래되었다. 오메기술은 고려시대를 비롯하여 조선시대의 여러 문헌에서 찾아보기 어렵고, 다른 지방에서 만들어진 술 중에 같은 이름의 술이나 제조법을 찾을 수 없는 독특한 술이다. 이는 제주도가 사면이 바다인 섬 지방이라는 지형적 특성에 의해 독자적인 특색을 띈 결과라 여겨진다.

* * *

오메기술은 차조와 제주 천연 지하 암반수에 한라산에서 자생하는 조릿대를 첨가해 만든 술로 쌉쌀하면서도 부드러운 목넘김이 좋다. 전통방식으로 만들어져 인공적인 맛이 없고 제주도의 '앉은뱅이 술'이라고 불릴 정도로 달콤한 맛과 부드러운 향이 입과 코를 모두 자극한다.

우리 전통주에서 찾아보기 어려운 약한 산미는 기름지지만 감칠맛을 가지고 있는 돼지고기로 만든 음식과 잘 어울린다. 제주도 향토 음식인 몸국과 돔베고기는 오메기술이 가진 약한 산미와 달콤한 맛에 잘 어울리는 음식이다.

약주청주, 13%

당도	Dry	□ □ □ ■ □	Sweet
탄닌	Low	■ □ □ □ □	High
바디감	Light	□ □ ■ □ □	Lean
산도	Low	■ □ □ □ □	High
복합감	Low	□ □ ■	Complex

몸국

제주에서는 해초인 모자반을 '몸'이라 불렀는데, '몸'을 넣고 끓인 국을 '몸국'이라 한다. 제주에서는 혼례나 상례 등 집안행사 때 주로 돼지를 잡았는데, 어패류 이외의 동물성 지방과 단백질을 섭취하기 힘들었던 제주 사람들은 돼지고기를 모두 나눠먹을 수 있도록 몸국을 만들어 먹곤 했다고 한다.

돼지고기와 내장, 순대까지 넣어 삶아 낸 국물에 모자반과 김치를 넣고 끓이면 느끼함이 줄어들고 독특한 맛이 우러나는데, 돼지고기 국물의 느끼함 대신 구수하고 새콤하게 씹히는 김치와 해초 맛이 어우러져 특유의 배지근한(걸쭉하고 진한) 맛을 낸다.

오메기술은 낮은 알코올 도수, 탄닌 그리고 약한 산도를 지니고 있다. 약한 산미는 식욕을 돋우고 돼지고기 탕국의 기름진 맛의 정도를 약화시키는 좋은 조화를 이룬다.

돔베고기는 갓 삶은 흑 돼지고기 수육을 나무 도마에 얹어 덩어리째 썰어 먹는 제주의 현지 음식이다. 여기서 '돔베'는 '도마'의 제주 방언으로 돼지고기 수육을 돔베고기라고 부른다.

제주산 흑돼지고기에 마늘을 듬뿍 넣어 푹 삶은 후, 김이 모락모락 나는 채로 돔베 위에 올려 놓는다. 그리고 두툼한 두께와 크기로 썰어먹는 돔베고기는 새우젓보다는 멜젓(멸치의 제주 사투리로 멸치로 만든 젓갈)이나 자리젓에 먹으면 흑돼지 특유의 향과 함께 어우러져 그 맛이 배가 된다.

오메기술은 단맛이 강하고 복합미가 강하다는 특징을 지니고 있어 짭조롬한 젓갈을 찍어 제주 돔베고기와 함께 마시게 되면 입안에서 느껴지는 다양한 맛의 조화를 경험하게 된다.

돔베고기

고소리술

제주도는 '당(堂) 오백, 절(寺) 오백'의 섬이라 불릴 정도로 민간신앙이 뿌리 깊게 자리 잡은 섬으로, 섬 전역이 성역화 될 정도로 무속신앙이 자리 잡았었다고 한다. 그러한 덕분인지 예전부터 제주도는 춘하추동 가릴 것 없이 당에서 제를 지내고 굿판을 벌였는데, 이때 당신에게 반드시 술과 고기를 갖추어 제사를 드렸고 신에게 올리는 강신(降神) 잔에 따르던 술이 다름 아닌 고소리술이었다. 고소리술은 오메기술이 등장하고 나서 수백 년의 세월이 지나 몽골이 고려에 침략하고, 몽골인의 일부가 제주에 정착하면서 전래된 술이다.

고소리술은 제주의 토종 좁쌀과 지하수로 빚어낸 증류식 소주로, 소주 내리는 기구를 소줏고리 또는 고조리라 하는데 제주도에서는 방언으로 고소리하고 한다. 토기로 된 증류기인 고소리에서 술을 내린다 하여 고소리술이라고 불리어졌다.

* * *

좁쌀 10%, 쌀 90%의 비율로 만드는 고소리술은 마시는 순간 포도·배와 같은 달콤한 과일향이 입안에 시원하고 부드럽게 퍼지며, 목넘김이 깔끔하다. 맛이 깊고 방순하며 순한 듯하면서도 은근하게 올라오는 취기로 인해 술을 마시는 흥취가 있으며, 숙취가 없이 빨리 깨고 뒤끝이 깨끗해 '방순취흥(芳醇醉興)'이라고도 불린다.

고소리술은 강렬한 알코올의 도수를 중화시킬 수 있는 맑은 국물음식 또는 기름기가 감돌면서도 담백한 맛을 가진 음식이 잘 어울린다. 제주도의 대표 음식이라고 할 수 있는 갈치국은 이러한 고소리술의 강한 도수를 중화시켜줄 수 있는 시원한 국물음식이며, 마찬가지로 제주도의 쟁기떡은 무나물의 시원함과 기름에 지져낸 수수한 메밀의 맛으로 고소리술의 높은 바디감과 복합감을 부각시켜준다.

증류식 소주, 40%

당도	Dry	□ □ ■ □ □	Sweet
탄닌	Low	■ □ □ □ □	High
바디감	Light	□ □ □ □ ■	Lean
산도	Low	■ □ □ □ □	High
복합감	Low	□ □ ■	Complex

갈치국

갈치국은 제주향토음식의 대명사가 되었지만 타 지역 사람들에겐 아직도 생소하다.

구이나 조림으로만 먹기 때문에 은빛이 선명한 갈치 토막이 뜨거운 국물 속에 들어있다는 시각적인 느낌부터 '얼마나 비릴까?'라는 생각을 갖게 하지만 신선한 갈치로 끓여 담백하고 구수하며 비린내가 나지 않는다. 제주도에서만 맛 볼 수 있는 갈치국은 귀한 손님에게 내놓는 음식이다. 싱싱한 갈치를 토막 내어 끓는 물에 넣고 끓이다가 어느 정도 국물이 우러났을 때 호박과 배추 등 채소를 넣고 마늘과 매운 풋고추로 향을 조절한다.

고소리술은 알코올 도수가 높고 바디감과 복합미가 강한 증류주이다. 아미노산이 풍부해 시원한 맛을 지닌 갈치국은 강한 알콜을 섭취하고 난 이후 시원한 국물을 마심으로써 강한 맛을 지닌 전통주의 강약을 조절하는 완충작용을 느끼게 한다.

제주도에 가면 꼭 한 번 먹어봐야 하는 음식 중에 쟁기떡(빙떡)은 빠지지 않는다. 제주도를 대표하는 별미지만 그 이름은 제주도 안에서도 지역마다 다양하다. '빙빙 돌려만다' 또는 '빙철(번철)에 지진다'해서 '빙떡'이라 하고, 말아 놓은 모습이 흡사 멍석과 같다 하여 '멍석떡', '전기떡(쟁기떡)' 혹은 '전기'라고도 부른다.

쟁기떡을 만들기 위해서는 우선 메밀가루에 물을 부어 묽게 반죽한 뒤 팬에 돼지기름을 두르고 전을 부친다. 무를 채 썰어 데쳐낸 뒤 소금, 참기름, 깨소금으로 양념한 무나물을 전 안에 소로 넣고 말아서 만들면 완성된다.

쟁기떡은 무나물의 깨끗하고 담백한 맛과 메밀의 수수한 맛이 어우러져서 가장 순수한 맛을 낸다. 제주도의 증류 소주인 고소리술에 담백한 메밀의 맛이 순수하게 그대로 느껴지는 쟁기떡을 곁들여 먹으면 어느새 제주도 어느 바닷가에 와 있는 기분이 들것이다.

쟁기떡

녹고의 눈물

제주도 남서쪽에는 수월봉 또는 녹고물오름이라고 불리는 오름이 있는데, 이 오름의 유래에는 슬픈 설화가 함께 하고 있다. 의좋은 남매였던 수월과 녹고가 어머니의 병을 고치기 위해 약초를 찾아 나서게 되었는데, 가장 중요한 약초인 오가피를 구하지 못해 헤매다가 험한 바위 벼랑에 있는 것을 발견하였다. 수월이 녹고의 손을 잡고 벼랑에 내려가 오가피를 꺾는 순간, 그만 흥분하여 손을 놓쳐 떨어져 죽고 말았다. 누이의 죽음에 녹고는 슬피 울었는데 그 눈물이 떨어진 자리는 녹고물이라 불리는 샘이 되고, 수월이 떨어진 봉우리를 수월봉이라 부르게 되었다.

녹고의 눈물은 어머니의 병을 고치기 위해 마련하려했던 오가피를 주원료로 만든 술이다. 섬오가피는 항암성분 및 간기능 개선, 진통소염, 해독 작용에 탁월한 아칸토산이 다량 함유되어 있는 제주 10대 약용작물의 하나로, 10년 이상 된 야생 뿌리를 채취하여 추출-발효-여과-숙성과정을 거쳐야 녹고의 눈물이 제조된다.

* * *

감미와 산미, 신미, 청량미의 적절한 조화로 섬오가피 뿌리만을 사용하여 발효된 맛은 부드러운 점성을 간직하고 있어 바디감을 느낄 수 있으며, 섬오가피 뿌리가 가지고 있는 고유한 향취를 품고 있다.

녹고의 눈물은 바디감과 복합감, 산미가 조화롭게 어우러지기 때문에 어느 음식에나 조화롭게 어울린다. 특히 섬오가피에서 나오는 은은한 향은 맑은 탕류와 함께 먹을 때 술맛과 음식 맛을 해치지 않아 추천할 만하며, 김치찜이 가진 신맛은 발효주 특유의 떫은 맛을 중화시켜 잘 어울린다.

제
주

녹
고
의

눈
물

기타 주류, 16%

당도	Dry	□ ■ □ □ □	Sweet
탄닌	Low	□ □ ■ □ □	High
바디감	Light	□ □ ■ □ □	Lean
산도	Low	□ ■ □ □ □	High
복합감	Low	□ ■ □	Complex

대구맑은탕

「동의보감」에서는 대구를 구어(邱漁)라 하여 "성질이 평하고 맛이 짜며 독이 없고 기를 보한다"라고 기록되어 있다. 대구의 간은 50% 가량이 기름으로 이루어져 있고, 비타민 A와 비타민 D가 풍부하며 예로부터 생선 중 으뜸으로 여겨 임금님께 진상될 정도였다고 전해진다.

녹고의 눈물은 제주산 오가피 뿌리로 만드는 술로 오가피는 관절염이나 항암효과가 있다고 알려져 있어 건강에도 좋은 술이다. 건강주에는 몸을 따뜻하게 데워주는 담백하고 뜨끈한 국물요리가 제격이다.

조화로운 바디감, 산미, 은근한 향을 가진 녹고의 눈물은 생선류나 육류, 버섯류의 국물요리와 잘 어울린다. 담백하고 시원한 맛을 자랑하는 대구 맑은탕은 귀한 오가피주의 약용효과를 극대화시킬 최고의 안주이다.

애주가들이 농담 삼아 하는 말 중 '진정한 술꾼은 김치 한 접시를 안주삼아 술 한잔 할 수 있어야
한다.'라고 하며 술잔을 기울이듯, 김치로 만든 안주는 우리나라 전통주 정서에 잘 맞는다.

묵은지나 적당히 시어진 김치에 삼겹살을 통으로 넣어서, 양념이 배이고 푹 무를 때까지 끓여,
부드러운 삼겹살에 쭉쭉 찢은 묵은지를 척 얹어 먹으면 술 한잔이 절로 생각나는 음식이다.

술과 음식의 조화에서는 단맛과 신맛을 내는 대비 감도가 비슷한 것이 잘 어울린다. 바디감과
복합감, 산미가 어우러진 녹고의 눈물은 시큼한 묵은지와 제주 토종 흑돼지의 부드러운 삼겹살과
맛의 대비가 잘 맞으며, 우리 민족의 정서를 가장 잘 담고 있는 서민적인 음식인 김치찜과 역시
우리 민족의 한의 정서를 잘 담고 있는 술인 녹고의 눈물은 정서적으로도 조화를 이룬다.

김치찜

주류업체 정보

지역	업체명	전통주명	주소	연락처
경기	(주)감홍로	감홍로	경기도 파주시 파주읍 윗가마을길 149	031-954-6233
	대농바이오(영)	산양산삼가든 별	경기도 광주시 천진암로 684	031-798-9757
	문배주양조원	문배술	경기도 김포시 통진읍 검암2로 15번길 27	031-989-9333
	아이비(영)	허니비와인	경기도 양평군 강하면 왕창부로길 110	031-775-0500
	(주)우리술	미쓰리 유자	경기도 가평군 하면 대보간선로 26, 29	031-585-8525
	(주)칠선당	칠선주	인천시 강화군 강화읍 강화대로 190	032-937-7764
	한주양조	한주	경기도 안성시 서운면 신촌리 산4-3	031-672-0964
충청	내국양조	능이주	충남 논산시 연무읍 마봉로 361	041-355-5430
	도란원	샤토미소 로제스위트	충북 영동군 매곡면 유전장척길 143	043-734-2109
	(주)두레양조	두레앙	충남 천안시 서북구 입장면 율목길 17-6	041-583-8213
	면천두견주보존회	면천두견주	충남 당진시 면천면 골정길 27	041-355-5430
전라	국순당고창명주(주)	자연담은 복분자막걸리	전북 고창군 심원면 선운대로 2197	063-564-9800
	배상면주가고창LB(주)	복분자음	전북 고창군 아산면 병암길 48	063-563-7756
	(농)자희자양	자희향 국화주	전라남도 함평군 신광면 신해로 92	061-324-6363
	(주)참본	황진이주	전북 남원시 시묘길 122	063-652-5050

지역	업체명	전통주명	주소	연락처
경상	명가원(영)	담솔	경남 함양군 지곡면 지곡창촌길 3	055-963-8994
	명가원(영)	솔송주	경남 함양군 지곡면 지곡창촌길 3	055-963-8994
	자두사랑	자두와인	경북 김천시 대학로 214	054-420-4155
	(주)제이엘	오미로제 스파클링와인	경북 문경시 문경읍 새재로 609	054-572-0601
	하동매실(영)	매아랑	경남 하동군 옥종면 궁항길 286-105	055-883-0800
강원	(주)낙천	지장수 호박막걸리	강원도 동해시 공단2로 73	033-522-1163
	설악프로방스배꽃마을	설이소주	강원도 속초시 이목로 104-49	033-637-1199
제주	제주고소리술익는집	고소리술	제주도 서귀포시 표선면 중산간동로 4726	064-787-5046
	제주고소리술익는집	오메기술	제주도 서귀포시 표선면 중산간동로 4726	064-787-5046
	(주)토향	녹고의 눈물	제주도 제주시 한경면 연명로 372	064-796-2521

한식 스토리텔링 참고문헌

논문

- 황혜성, 한국음식의 구성법, 한국생활과학연구 4('86.3) pp.315-334
- 주영하, 조선왕조 궁중음식 관련 고문헌 자료 소개, 장서각 제30집(2013년 10월) pp.422-436
- 오순덕, 조선시대 세시음식(歲時飮食)에 대한 문헌적 고찰, 한국식품영양학회지 제25권 제1호(2012년 3월) pp.32-49
- 정혜경, 「음식디미방」과 「규합총서」와의 비교를 통한 「주식시의」속 조리법 고찰, 한국식생활문화학회지 제28권 제3호(2013년 6월) pp.234-245
- 김미혜, 정혜경, 風俗畵에 나타난 18世紀 朝鮮時代 食器와 飮食文化 연구: 단원(檀園) 김홍도(金弘道)의 작품을 중심으로, 한국식생활문화학회지 제28권 제3호(2013년 6월) pp.234-245
- 김미혜, 정혜경, 조선후기 漢詩에 나타난 음식문화 특성: 紀俗詩를 중심으로, 한국식생활문화학회지 제22권 제5호(2007년 10월) pp.528-543
- 박채린, 권용석, 정혜정, 설하멱적을 통해서 본 소고기 구이 조리법 변화에 대한 역사적 고찰: 1950년대 이전의 문헌을 중심으로, 한국식생활문화학회 제26권 제6호(2011년 12월) pp.599-613
- 이효지, 윤서석, 조선시대 궁중음식 중 찬물류(饌物類)의 분석적 연구, 한국식생활문화학회 1(2) pp.101-115
- 차경희, 도문대작을 통해 본 조선중기 지역별 산출 식품과 향토음식, 한국식생활문화학회지 제18권 제4호(2003년 8월) pp.379-395
- 이규진, 조미숙, 문헌에 나타난 불고기의 개념과 의미변화, 한국식생활문화학회지 제25권 제5호(2010년 10월) pp.508-515
- 이경애외 3인, 1700년대~1960년대 문헌에 나타난 탕평채의 문헌고찰, 한국식품조리과학회 한국식품조리과학회지 제28권 제3호 pp.327-335
- 이효기, 윤수석, 조선시대 궁중음식중 찬물류의 공석적 연구, 한국식생활문화학회지, 1권 2호(1986) pp.101-115
- 손정우, 꽃을 이용한 한국음식에 관한 고찰: 1400~1900년대의 고조리서를 중심으로, 배화논총 제25집(2006) pp.159-182
- 이상원외 4인, 종가(宗家)의 고조리서를 통해 본 전통주의 연구, 한국식생활문화학회지 제29권 제1호(2014년 2월) pp.61-83

문헌

- 빙허각 이씨(1809년 순조9년), 정양완 역, 규합총서(閨閣叢書), 보진재, 2008
- 안동장씨, 한복려 역, 음식디미방(飮食知味方), 궁중음식연구원, 2004
- 허준(1601년 광해군 2년), 동의보감(東醫寶鑑), 예지원, 1990
- 작자미상(1800말엽), 이효지 역, 시의전서(是議全書), 신광출판사, 2004
- 방신영(1913), 조선요리제법(朝鮮料理製法), 열화당, 2011
- 김유 저, 김채식 역, 수운잡방(需雲雜方), 한국국학진흥원, 2015
- 홍만선(1718), 산림경제(山林經濟), 민족문화주진회, 1986
- 홍석모(1849), 이석호 역주, 동국세시기(東國歲時記), 대양서적, 1973
- 빙허각 이씨(1915), 이효지 역, 부인필지(婦人必知), 교문사, 2010
- 이용기(1924), 조선무쌍신식요리제법(朝鮮無雙新式料理製法), 궁중음식연구원, 서울, 2001
- 이성우, 조선시대 조리서의 분석적 연구, 한국정신문화원, 1982
- 한복려, 조선왕조 궁중음식, 궁중음식연구원, 2015
- 김상보, 다시보는 조선왕조 궁중음식, 수학사, 서울, 2011

■ 조은자, 한국전통식품연구, 성신여자대학교 출판부, 2008

■ 민족역사문화도감-식생활, 국립민속박물관, 2007

■ 이규태, 한국인의 밥상문화, 신원문화사, 2000

■ 이만영, 재물보(才物譜), 국립중앙도서관 소장본, 1798

■ 이성우, 한국요리문화사, 교문사, 1985

■ 이성우 편, 한국고식문헌집성(VII), 조선요리대략(황혜성, 1950), 수학사, 1992

■ 이성우 편, 한국고식문헌집성(VII), 조선음식(손정규, 1940), 수학사, 1992

■ 이성우 편, 한국고식문헌집성, 四季의 朝鮮料理(鈴木商店, 1935), 수학사, 992

■ 한식재단, 맛있고 재미있는 한식 이야기, 2013

■ 한식재단, 근대 한식의 풍경, 2014

■ 한식재단, 조선 백성의 밥상, 2014

■ 한식재단, 조선 왕실의 식탁, 2014

■ 윤숙자, 아름다운 세시음식 이야기, 질시루, 2012

■ 전희정, 한국의 전통음식과 세계화, 교문사, 2014

■ 농촌진흥청, 건강하고 맛있는 한식이야기, 파워북, 2011

■ 주영하, 그림속의 음식, 음식속의 역사: '조선'의 표상과 실재에 대해 다시 생각하다, 사계절, 2005

■ 한복진, 조선시대 궁중의 식생활문화, 서울대학교출판문화원, 2005

■ 한복진, 한국음식대관 - "궁중의 식생활·사찰의 식생활", 한국문화재보호재단, 1997

■ 정혜경, 김미혜, 한국인에게 막걸리는 무엇인가, 교문사, 2012

■ 박종철, 약초 한약 대백과, 푸른행복, 2015

■ 농촌진흥청, 풀어쓴 고문헌 전통주 제조법, 휴먼컬쳐아리랑, 2016

■ 박민희, 한 권에 담은 아름다운 전통주, 유페이퍼, 2015

■ 한국전통음식연구소, 아름다운 한국음식 300선, 질시루, 2008

인터넷 사이트

1. 한식재단 한식아카이브, 한식문헌, http://www.hansik.org/

2. 한식재단 한식아카이브, 한식스토리텔링, http://www.hansik.org/

3. 한식재단 한식아카이브, 한식음식문화, http://www.hansik.org/

4. 2015 국립무형유산원 특별전 술, 이야기로 빚다, 국립무형유산원(2015)

5. 문화콘텐츠닷컴 (문화원형백과 한의학 및 한국 고유의 한약재), 2004, 한국콘텐츠진흥원, http://www.culturecontent.com/

6. 문화콘텐츠닷컴 (문화원형백과 조선시대 식문화), 2003, 한국콘텐츠진흥원, http://www.culturecontent.com/

7. 문화콘텐츠닷컴 (문화원형백과 전통혼례와 혼례음식), 2005, 한국콘텐츠진흥원, http://www.culturecontent.com/

8. 한식재단, 한식스토리텔링, http://www.hansik.org/

전통주, 한식과 만나다

초판 1쇄 발행 2018년 7월 1일

기획 | (재)한식진흥원
저자 | 정혜정, 김홍우
디자인 | 디자인노리
사진 | 김장곤

발행처 | 푸디 (Foodie)
발 행 인 | 문선희
주소 | 서울특별시 중구 퇴계로20나길 9 C동 202호
전화 | +82-2-722-3337
이메일 | soolschool@gmail.com

값 12,000원
ⓒ(재)한식진흥원, 2018
ISBN 979-11-963496-1-5 13590

이 도서의 국립중앙도서관 출판예정도서목록(CIP)은 서지정보유통지원시스템 홈페이지
(http://seoji.nl.go.kr)와 국가자료공동목록시스템(http://www.nl.go.kr/kolisnet)에서
이용하실 수 있습니다.(CIP제어번호: CIP2018012788)